年収150万円で僕らは自由に生きていく

イケダハヤト

星海社

26

SEIKAISHA SHINSHO

はじめに　そもそも「お金」って、なんだ？

あれ……いま「お金を稼ぐために」働いてしまっていないか？

そんな疑問に取り憑かれてしまい、86年生まれの僕は、会社を辞め、社会人三年目にしてフリーランスになってしまいました。

僕が抱いたこの疑問に対して、きっとほとんどの方は、何を言っているのか理解できないと思います。「え、働くのは、お金を稼ぐためじゃないのか？　何が悪いの？　そんなんで会社辞めちゃったの？」と。

——でも、辞めちゃったんです。

一方で、少数の方は強く共感してくれるとも思います。そしてこの毒のような疑問は、これからも多くの若者を悩ませるでしょう。高度経済成長期につくられ、いままさに老朽化しつつある「人生のレール」。毒のような疑問は、その「レール」を降りる人を増加させるでしょう。

本書の主張を端的に述べれば、**もはや「お金のために働く」のは時代遅れになっていく**、という話です。

そろそろ、皆さんも気づいていますよね。

家を買うために働く、クルマを買うために働く、夜な夜な遊び歩くために働く。そういうソトヅラの欲求を満たすためではなく、もっと人間的で、心の根っこにある欲求を満たす手段として、若い世代は「働く」ことを位置づけはじめています。

毎日残業をして、満員電車に乗って年収1500万を得るくらいなら、好きな場所で気の合う仲間たちと、毎日6時間働いて、年収300万円を得る方が全然いいです。家族や恋人、友人との時間を大切にしたいので、残業なんてありえません。職場で飲みにいくのも、年に二回くらいで十分です。

新入社員は下積み三年？　この変化の時代に大丈夫なんでしょうか？　大企業、バカスカ潰れそうじゃないですか。下積み期間にリストラにあっただなんて、笑えません。

僕たちは、いつまで「お金のために」働くのでしょう？　お金を稼ぐ、ということを無条件の前提として、盲信してはいないでしょうか？

高度経済成長の中で、「お金」はその意義を厳密に問いただされることをせずに、概念だけが肥大化し、今や宗教性を帯びているとすら思います。お金は本当にそこまで必要なのでしょうか？　もう一度、お金のリアルな意義を考え直したいのです。僕たちが働くのは、本当にお金のためなんでしょうか？

本書のタイトルは『年収150万円で僕らは自由に生きていく』です。ある人はタイトルを見ただけで仰《の》け反ってしまうかもしれません。「何を夢みたいなことを言ってるんだ」「アタマん中、お花畑か」と反発する方も多いでしょう。でも、僕はこう言い切りたいと思っているのです。そこまで多くのお金がなくても幸せに生きていける、と。そして、現にそういう生き方をしている人が次々と現れ始めているのです。

僕自身のこともかなり赤裸々に、本音で書きました。本書が多くの人にとって「希望の書」になることを願います。

目次

2章 金より、つながり！ 44

お金がないと何もできないのは逆に貧しい。「つながり」を築いて楽しく生きよ

4章 仕事は、問題解決だ！ 98

「お金のために働く」のは時代遅れだ。なぜ僕らは働くのかを問い直せ

5章 遊ぶように、社会と関われ！ 130

「脱お金」で日本は沈まない。税金を介さず、素手で「公共」を取り戻せ

おわりに

が、

！

だ。ただし「貧乏＝不幸」ではない

お金

1章

ない

僕らにとってお金がないのは「前提」

「貧乏がデフォルト」の時代がやってきた

僕の肩書きは「プロブロガー」です。現在のブログの月間読者数は約30万人ですが、このくらいの規模ともなると、本当に様々な方から賛否両論を頂くものです。特に上の世代のオジサマたちを中心に、ツイッター上で苦言を呈されることが頻繁《ひんぱん》にあります。炎上の定義は曖昧《あいまい》ですが、見る人によっては「常時炎上している」ようです。

さて、そういう苦言の中でしばしば見かけるのは「イケダは貧乏くさくてダメだ」というメッセージです。彼らはなぜ貧乏くさいことがダメなのかを決して語ることはありませんが、察するに、なんとなく感情的に気に食わないのでしょう。「草食男子」という言葉を聞いて「最近の若者はダメだ！　肉食になれ！」と説教したくなるような感情に近いのかもしれません。

そう言いたくなる気持ちも分かるのですが、僕は「貧乏」というのは非常に重要なコンセプトだと考えています。

これから僕たちが生きる時代は「普通に過ごしていれば、年収が右肩上がりになり、35年ローンで家を買って、老後は年金暮らし……」などという牧歌的な未来ではありません。

過去の時代と比較すれば、これからの時代、「貧乏」は間違いなく前提となるでしょう。僕らにとって貧乏は「デフォルト」なのです。

今までどおり年収1000万を目指すのもクールなのかもしれませんが、大多数にとっては、年収200万で楽しく生きる道を模索するほうが現実的になっていきます。**一億総中流ならぬ、「一億総貧乏社会」がこれから訪れると思っておいたほうがいいでしょう。**「思っておいたほうがいいでしょう」という曖昧な言葉を使ってしまいましたが、あくまで「貧乏」は心構えの話です。実際に右肩上がりになればハッピーで文句なしですし、日本社会にとってもそのほうがよいでしょう。

しかし、「あと10年、この会社で耐えて部長になれば年収1000万だ」と期待して、いざリストラになんかあった日には、精神的な喪失感はかなり強烈です。

ちょうどこれを書いている今も、ツイッター上で「シャープ勤務30代『一生安泰といわれたのに人生設計狂った』」という、シャープのリストラを報じた「週刊ポスト」の記事が話題になっています。「一生安泰といわれた」なんて、なにを甘いことを……という感じですが、未だにそういう感覚を持っている人は少なくないでしょう。

「大企業で一生安泰」なんて非現実的な夢を見るのはやめましょう。これからは、「まぁ150万あれば人ひとりなら生きていけるしな」と、ある種のあきらめを常に維持し、たまたま年収500万なり1000万なりを稼げたとしても、あくまで「棚から牡丹《ぼた》餅」的なハッピーと捉え、プチ贅沢で150万暮らしを250万暮らしに「一時的に」変えてみる、という生活態度のほうがよほど合理的です。

約40年後の2050年には、日本の人口は9500万人台になり、その高齢化率は約40%にのぼるそうです。そうした長期のトレンドを鑑《かんが》みれば、日本人の年収が今までどおり右肩上がりという「妄想」を抱くほうがクレイジーだと僕は思います。少子高齢化も進む一方ですし、今よりも金銭的には貧乏になっていく、ないし、どれだけよくても横ばいが続くと考えるほうが自然です。

貧乏は「自由」だ

僕は自分のブログ運営、書籍や連載の執筆、講演・研修、企業へのマーケティングコンサルティングで年間500～600万円の売上を計上していますが、これ以上働いて年収を上げたいとは思っていません。その気になれば1000万は稼げると思っていますが（鼻につく表現で恐縮です）、そこまで頑張りたくはありません。稼ぐとその分、税金も高いですし……。

むしろ、300万円くらい売上があれば家族三人（わが家は夫婦＋0歳児です）が、なんとかトントンで生きていけそうなので、もうすぐ産まれる家族との時間を増やす意味でも、2013年、2014年はもう少し年収を下げるつもりです。

ブロガーという職業は趣味の延長なので、労働時間という概念が希薄ですが、現在僕は朝7時からパソコンを立ち上げ、奥さんの残業が終わる夜8時くらいまで、何らかの活動をしています。企業へのコンサルティングに出向く時間は週に3時間ほどで、その他は基本的に取材や執筆に充てるようにしています。ただ、朝7時から夜8時まで、常に仕事をしているかというとそうでもなくて、ブログを書いたり、取材をしたり、散歩をしたり、ゆっくりランチをしたり、家事をしたり、本を何時間も読みふけったりする時間も含まれています。

感覚的には「遊び」に近いのですが、一応はお金になるので、最近は「仕事」と「遊び」の境目がとても曖昧です（なので、「仕事」ではなく「活動」というようにしています）。

一日2件以上予定はいれないようにしており、カレンダーはスカスカです。かなり時間に余裕がある身分といっていいでしょう。しばしば「忙しいでしょ？」と言われますが、突然「明日会えませんか？」と言われても、僕は高い確率で会うことができるくらいには暇だったりします。

なぜ僕がそんなに余裕があるかといえば、売上目標が低いからです。前述の通り、来年の年収目標は３００万円です。ブログを毎日5時間程度更新すれば、毎月20万円は稼げます。その他、コンサルティングや講演、書籍の執筆をすれば、割と簡単に３００万は達成できてしまいます。

僕はクルマも家のローンもないので、３００万もあれば十分生きていけます。「貧乏」が染み付いているので、生活の損益分岐点は、これをお読みの皆さんよりも大分低いと思います。

３００万円の売上目標を達成してしまえば、あとは自由な時間です。あくせく働く必要はなく、締め切りに追われることもなく、図書館で本を読み、好きなブログを書いて、創作活動に励めばそれで満足です。当面の優先度ナンバー1である、「家族を大切にする時間」も、十分確保できそうです。「貧乏」は、考えようによっては自由なのです。

安心を得るための「貯金」には終わりがない

「稼げるうちに稼いで貯金すれば？」という意見もありそうですが、僕は貯金に対してけっこう懐疑的です。

もう4年ほど社会人をやっているので、2~3年は無収入でも生きていける程度の貯金はありますが、何千万も貯金するために働きたいとは到底思えません。

その理由は、安心を得るための貯金には、終わりがないからです。「貯金」という行為の先に、例えば「留学する」「専門学校に通う」など、何かの明確な目的があればいいですが、「老後のため」「万が一のため」という理由しか用意できないような場合は、死ぬまで貯金し続ける羽目になってしまうでしょう。

「万が一」と強迫観念に縛られていては、貯金をすること自体が、働く目的になってししまいます。「万が一」「老後」のために貯金しようと考えている人は、いったいいくらあれば安心できるのでしょう？　答えは曖昧にしたまま、惰性的に働き続けてしまうと思います。

最適な貯蓄額は家庭環境などによって変わってくると思いますが、とりあえず1〜2年間働かずに生きていけるだけのお金があれば、なんとかなるのではないでしょうか。その金額でまかなえないような「万が一」のリスクは、民間の保険なり、公的なセーフティネットなりに頼ればいいと思います。僕自身も、もしものときのために生命保険には入っています。

1年で1億円稼げるならいいですが、そこまでお金を稼ぐ能力がある人はなかなかいないでしょう。今の2倍働いて、年収が2倍になる程度では、頑張る気がしません。特別な目的意識がなければ、貯金をするために働くのは避けるべきでしょう。

ミニマム生活コストを計算してみよう

何も失うものはないので、皆さんに実践してほしいことが一つあります。それは「生きていくのに最低限掛かるお金は、一体いくらなのか」を真面目に計算してみることです。

子どもが生まれる直前のため、夫婦二人世帯の試算になるのですが、僕の場合はざっくりと、

- **300万円も現金があれば、都心の小さな賃貸物件で夫婦ふたりで生きていける**
- **200万円も現金があれば、田舎の安い賃貸物件で夫婦ふたりで生きていける**

という結果になりました。

これでも「ギリギリの生活」というわけではなく、近場の旅行や安価な外食もしばしば楽しめる予算設計です。ざっくりいえば、最悪300万円稼げば、僕ら夫婦はまぁ楽しく生きていけるだろう、ということです。ひとりあたり150万円ほどです。

この試算の目的は、リアルな生活費を改めて知ることにあります。この試算を通して「あれ、意外とお金掛からないじゃん」、または「意外と掛かってるな……」という感想が抱ければOKです。経験上、ローンのない若い独身者なら、都心に住んでいても「150万円もあればまぁ普通に生きていける」という感触になるはずです。

年収150万円生活は現実的か

改めて、単身者が年収150万円で生活できるのか考えてみます。単純に1ヵ月に換算すると12万5000円ですが、サラリーマンであれば税金などが差し引かれますのでもっと低くなるでしょう。よって、もちろん家賃が10万のところに住んでしまうと、この試算はすぐに破綻してしまいますが、今はシェアハウスというスタイルもポピュラーになりつつあります。

シェアハウスに住む、もしくは郊外の安い物件に住むことを考えれば、家賃・光熱費5万円、食費2万円、通信費1万円、交通費1万円、雑費1万円……。さらに、外食を抑えて自炊する、移動に自転車を使う、通信費を節約する、外で飲まず家で飲む、などの工夫をすれば単身150万円暮らしは決して無理ではないのではないでしょうか。実家暮らしをしている方は、もっと少なくてもいけるはずです。僕自身も独身時代、日本橋に住んでいましたが、150万円もあれば十分でした。

ご家庭などに特殊な事情がない限りは、この試算結果は「お金の呪縛」を解くきっかけになりうるでしょう。「稼がなきゃいけない……」という強迫観念から逃れ、「あぁ、このくらい稼げばいいなら何とかなるか」「もう少し生活水準あげたいし、老後の貯蓄もしたいし、年収上げる努力しないとな」という冷静な観点で、仕事に向き合うことができるようになるはずです。

計算するだけならタダなので、ぜひエクセルとにらめっこして、「生活の損益分岐点」をどこまで下げられるかを把握してみてください。

リアルにいくら必要なのかを計算し、自分が働きすぎていないか、ぜひワークスタイルを見直してみましょう。

特に、本来200万円もあれば余裕で生きていけるのに、年収400万円を稼ぐために毎日心身を削りながら、うつ病になりかけてまで会社に勤める、なんて働き方は望ましくないと思います。僕の周りには、実際にそういう若手サラリーマンが少なからずいるのです。お金なんてなんとかなるから、とりあえず逃げてほしい、そう痛切に感じることもしばしばです。

自由を売るくらいなら貧乏であれ

僕は自分の自由を重要視するので、サラリーマン生活が本当に辛かったことを記憶しています。貧乏になってもいいから、サラリーマンを辞めたかったのです。

例えば、僕は毎日の通勤電車が本当に嫌いでした。なんでパソコンひとつあれば仕事ができるのに、毎朝満員の電車に乗って、職場に行かなければならないのか。台風が接近していて、朝から「外出は危険なので控えてください」とアナウンスが流れているのに、電車が止まることが分かっているのに、昼頃には帰宅命令が出るであろうに、なぜ職場に行かなければならないのか。なぜ、たった年収300万円のために、危険を冒して儀式めいた「出勤」をしなくてはならないのか。甘いと思われるかもしれませんが、現にそう思ってしまったのです。

「9時5時の出勤」は代表的ですが、「会社」にはその他もろもろ、物理的・精神的、様々な縛りが存在します。昔から学校の教室の隅で人と違うことを好んでやっていたような僕には、そういう縛りは耐えられませんでした。オトナになれなかったのです。

勤めていた企業に不満はありませんでしたが、自分は「会社」という仕組み自体に向かない人間であることに気付き、無謀にも社会人三年目で会社を辞め、フリーランスになりました。その後は、幸い「ソーシャルメディア」がブームを迎えており、僕はその波に乗り、それなりに稼ぐことができるようになり、今日に至っています。

不器用で屈折しているかもしれませんが、自由を売ってまで月給をもらうなら、不安定でも貧乏でも、僕は自分の人生になるべく多くの裁量を持っていたいと考えます。

皆さんがそうだと言うわけではありませんが、僕はサラリーマンをしていて、本当に奴隷のような気分を、しばしば感じていたのです。自分の奥さんの体調が悪いときくらい、家で仕事ができないものか、どうしてそんなに縛られるのか、なぜ「会社」のために、自分の人間的な自由が束縛されるのか、と。

「貧乏」という制約はクリエイティブなゲーム

さて、貧乏のメリットについては、まだまだ書きたいことがあります。これは意外なことかもしれませんが、「貧乏」を意識した生活ってすごく楽しいのです。特に理論的な方には、最高のゲームになりうるとすら思います。

「貧乏」はすなわち「制約」です。「貧乏」を意識した生活とは、1ヶ月にいくら使うか、自分の貴重な時間をどこまで労働に割くか、お金をできるだけ使わずにどう人生を楽しむか、そういう疑問符と日々向き合うことです。これ、ちょっとゲームみたいじゃないですか？

こういう制約は、うまく転化すれば日々の生活を楽しくゲーム化する力になります。最近は、教育から運動、社内評価システムまで、あらゆるものをゲーム化するという「ゲーミフィケーション」が話題ですが、貧乏暮らしをすれば、人生は勝手にゲーミフィケーションされていきます。

最近ハマっているのは「鶏の胸肉をいかにして美味しい料理にするか」というゲームです。鶏の胸肉はパサパサになりがちですが、調理法次第ではグラム29円とは思えない、高級中華のバンバンジーを彷彿《ほうふつ》とさせるシットリとした美味しいお肉に変貌します。切り方一つ、火加減一つで味は全然変わってきます。ぷりぷりのモモ肉よりも通好みで、僕はすっかり胸肉が好きになってしまいました。ヘルシーだし安いし、健康志向の方にもおすすめです。

入浴は石けん一つ　ペットボトルの水なんてもってのほか

他には「シャンプーやリンスを使わない」という生活実験も始めました。あるとき、ふと気付いたのです。僕はシャンプー、リンス、洗顔料、ボディソープ、石けんを使って体を洗っていたのですが、こんなの全部いらないのではないか、と。石けん一つでいいのではないか。

というわけで、半年前から石けん一つで体全部を洗っていますが、予想通り何の問題もありません。それどころか、よく流すようにしているせいか、髪もちょっと太くなった気さえしています。場所も取らないし、コストも掛からないし、なんといいこと尽くめでしょう！

休日には「交通費の節約も兼ねて、街を歩く」というゲームも夫婦で楽しんでいます。気候のよい時分には、のんびり街を歩いて、15キロ近く散歩してしまったこともあります。そのくらい歩くと二人で500円は節約できるので、帰りに美味しいモンブランを一つ買ってもお釣りがきます。

500mlのペットボトルなんてものも、貧乏生活の敵です。スーパーの安売り一本88円なんてありえません。水を「ブリタ」などで浄水すれば、ペットボトル水の原価は1円以下で済みます。冷蔵庫でキンキンに冷やせば、ごく普通に爽快な飲み心地です。夫婦二人で年間500本のペットボトル飲料を消費すると考えれば、ブリタにするだけで、4〜5万円は節約できてしまいます。その節約分を、どーんと旅行やディナーに使うほうが、人生は楽しいと思います。ついでにゴミも少ないので、環境にもいいのではないでしょうか。

もちろん常に切り詰めているわけではなく、結婚記念日や長期休暇など、お金を使うときは使います。そういう時はあえて制約を取り払うことで、相対的に贅沢な気分を味わうことができるでしょう。

「夕飯にフレンチを食べて、そのあとバーに行くなんて、贅沢だ！」「300円のアイスを〝美味しそうだから〟買っちゃうなんて、なんという贅沢！」「朝から800円の焼きたてパンとコーヒーのセットなんてフランスの貴族みたい！」という具合に、贅の限りを尽くすことができます！

……いささか悲壮的かもしれませんが、本当の話です。ゲームでたとえれば、贅沢旅行中は、スーパースター（無敵）状態で、マリオがクリボーやノコノコを蹴散らして突っ走るような気持ちよさがあるのです。

そんなわけで、何事も楽しめるマインドをお持ちの方にとっては、貧乏という一見ネガティブな状況すら、人生を輝かせるゲームになりえます。日々漫然と、なんの工夫もしないでお金を垂れ流し、そのロスを穴埋めするためにまた一層働く、なんて人生は時間がもったいないのです。バケツの穴を塞《ふさ》げば、もっと人生は楽しくなるはずです。

貧乏人は「採算度外視」の優しさを持っている

「貧すれば鈍す」という言葉もまた一面の真実を表していますが、僕はむしろその逆、「貧すれば優しくなる」というべき側面もあるように感じます。

足ることを知った「貧乏人」は、「お金のために」自分や他人を裏切ることはしません。だってお金には困ってないんですから。利他的な精神も芽生えやすくなり「自分の取り分はもう十分あるから、これ以上果実を持っててもしょうがないし、あなたにあげるよ」という優しさを身につけることができます。

またもや自分の話で恐縮ですが、僕はライフワークとして仲間とともに「テントセン」という団体を立ち上げ、ＮＰＯのマーケティング支援を無償で行っています。

２００９年から活動を始め、僕個人だけでも、延べ１００団体以上に、無償のマーケティングアドバイスを提供してきました。その他にも、ＮＰＯの方々向けのイベントも定期的に開催し、そちらも収益にはなりませんが、延べ１０００人以上の前でマーケティングのレクチャーを提供してきました。

また、僕はブロガーでもあるので、ＮＰＯの活動を紹介する記事も無償で執筆しています。最近はウェブデザインのスキルを生かして、無償でウェブサイトを制作する活動も始めました。月にもよりますが、多い月だと、無償労働が稼働時間の50％に達する場合もあります。業務時間の半分、ボランティアをしているわけです。

なぜそんなことができるかというと、僕が貧乏だからです。最低３００万稼げば十分なので、ゴールさえすれば、残りの活動時間はニーズがあるところに、採算度外視で飛んでいくことができるのです。

幸い、今はNPOの方々のマーケティングに対するニーズが高く、お力添えをできる機会がそれなりにあります。まだまだ時間的には余裕があるので、怪しい団体でもなければ、呼ばれれば交通費自腹で飛んでいきます。

もし皆さんがNPOに関わっており、ソーシャルメディアの活用や寄付集め、イベント告知でお悩みでしたら、お気軽に「おわりに」の最後に記載されているアドレスまでご連絡ください。遠距離の場合はスカイプで、都心の場合は都内でお話ししましょう。

パーソナル・セーフティネットを形成する

第五章で詳述しますが、こうした「採算度外視の人助け」を続けていけば、結果的に「パーソナル・セーフティネット」が形成されていくとも考えています。

僕の考えでは、「人助けをする貧乏人」は、最悪の事態が起こっても、パブリックなセーフティネットである生活保護や障害年金に全面的に頼らずとも、きっと生きていくことができます。これぱかりは、なってみないとわからないので、「今のところ僕はそう思う」としか言えませんが、肌感覚としては十分にありえる話だと思います。こういうアプローチが、限界を迎えつつある年金や生活保護への依存を脱する力になるとすら考えています。

僕がボランティアワークを積極的に行うのは、自分のセーフティネットをつくるためでもあるのです。他人のためというよりは、エゴ全開、自分のために無償で働いているとも言えるかもしれません。

「幸せの閾値《いきち》」を下げよう

さて、これからの社会を生きる上では、幸せの閾値をできるだけ低く保つことが大切です。

幸せは絶対的なものではなく、相対的なものだからです。

毎日高級レストランで食べているAさんと、毎日鶏の胸肉ともやし中心の自炊生活をしている僕では、一杯の「東京チカラめし」（関東を中心に展開するファストフードチェーン店）がもたらす幸福度は、間違いなく変わってくると思います。牛肉ってなんて美味しいんだろう、と……。

感受性を豊かにすれば、何だって楽しめるようになります。僕はフリーランスになってから、抜けるような青空や、雨の匂いを意識できるようになりました。毎日満員電車に揺られていた時分には、なかなか気付くことができなかったものです。

また、何かに対して怒りを抱くことも少なくなりました。

昔は電車で居眠りをして思いっきり寄りかかってくるオジサンにイラっとしていましたが、今では「あぁ、疲れてるんだな。日本を支えてくれてありがとう」と感謝の気持ちをもって、自分が降りる駅まで静かに耐えるようになりました。

カフェなどで騒ぐ学生を見ても「春を楽しめ学生よ、友だちと仲良くたっぷり遊べるのは今だけだからね」と勝手に生暖かい視線を送ることができるようになりました。みんな元気で生きていれば、それで幸せじゃないですか。

生活コストを下げ、「お金を稼がなきゃいけない」という呪縛から逃れられれば、人生を楽しむ余裕が出てきます。ついでに他人に対しても優しくなれます。

僕はそういう価値観をもって、これからの人生を生きたいと思っています。

貧乏人たるもの収益性を高めよ

貧乏のメリットについて滔々《とうとう》と語ってきましたが、実は、僕が提唱する「貧乏道」を実践するには、時間あたりの収益性を高めていくことが求められます。短い労働時間で、生きていくために十分なお金を稼がないと、肝心の余裕はいつまでたっても出てきません。余裕が出てこなければ、「貧乏暇なし」「貧すれば鈍す」という状況に陥ってしまうでしょう。

「収益性を高める」というのは何ら難しい話ではなく、ビジネスパーソンである以上、当たり前に求められることだと思います。普通に会社で働いていても、前年よりも多くの収益を上げることは要求されているはずです（特に上場企業の場合）。

会社の場合は2012年に100％の労働時間で600万円を稼いだら、2013年には同じかそれ以上の労働力で、800万円を稼ぐことが求められるでしょう。

僕が提唱する貧乏道は少し考え方が違い、2012年に100％で600万円を稼いだのなら、2013年は60％の努力で600万円を稼げるようになることを目指します。40％は自由に使いましょう。一時間あたりの収益性を高めるとは、そういうことです。

僕の場合はブログ記事執筆の生産性を、最大限にまで高める努力をしています。プロブロガーを志した当初は、せいぜい書けて一日5本程度でしたが、鍛錬を積んだ今では一日15本、文字数にして最大2万字はテキストコンテンツを生産することができます。ブログビジネスは「閲覧数はほぼ記事数に比例する」という比較的単純な構造なので、一時間あたりにより多くのコンテンツを生産できれば、単純に、その分だけ収益性が高まっていくことになります。

価値の蓄積をして「不労所得」を得よ

また、ブログは「過去記事の蓄積」が、収益をもたらす資産になります。現在僕のブログには2100本の記事が蓄積されていますが、それらの過去記事が、月間で15万回ほどの閲覧数を獲得しています。

過去記事へのアクセスは、ブログ全体の閲覧数のうち約4割を占めます。単純計算では、毎月20万円のブログ売上の、約4割、つまり8万円ほどは、過去の記事が生み出しているわけです。

過去の記事ということは、来月僕が一ヶ月更新をさぼっても、基本的には変わらずアクセスを生むことになります。極論、月単位で見れば、僕は毎月8万円の「不労所得」を得ているわけです。そして、記事数が増えれば増えるほど、この収益性は向上していきます。来年の今頃には過去記事へのアクセスが月間25万を超え、過去記事だけで12～13万円の収益が出ていてもおかしくはありません。

というわけで、今はブログ執筆に一日5時間程度を割いていますが、将来的には、生産スピードの向上と、過去記事の蓄積が増えることで、これが4時間、3時間と減っていくでしょう。その分だけ、僕は自由を獲得していきます。

僕の場合は、ブログというわかりやすい手段を用いていますが、これはあらゆる職種で応用できる考え方です。営業にせよ、経理にせよ、人事にせよ、「外部の市場で評価される実績を積み重ねて、仕事のクオリティとスピードと、時間単価を上げていく」という方向性で仕事をすれば、徐々に生活の中の自由は増えていくでしょう。

貧乏人たるもの、しっかりと市場価値を蓄積して、一時間あたりの収益性を高めていきましょう。くれぐれも、社内でしか評価されないスキルや実績を身につけるのに、時間を費やしてはいけません。長くいればいるほど、クリティカルなダメージになっていってしまうでしょう。

時給1万円なら、一日1時間働いて300万円

時間あたりの収益性を高めよ、と述べましたが、単純な話、自らの価値を「時給1万円」に持っていければ、一日1時間しか働かなかったとしても年収は300万円です。優秀なビジネスパーソンであれば、1時間1万円の時給で働くのも、そう無理ではないはずです。

自分を優秀扱いするようで気が引けますが、僕風情《ふぜい》でも、講演やコンサルティングでは1時間あたり1~2万円ほどの対価を頂いて仕事をしています。

また、この書籍を書くために費やした実質作業時間は35時間ほどなので、もしこの本が増刷されて僕に印税が35万円入れば、時給は1万円換算になります（願わくば、大増刷されて時給10万円くらいになってほしいのですが……というのは余談でした）。

僕が考える「理想の働き方」は次のようなイメージです。

目標年収を300万に設定し、1時間1万円で仕事をして、年間に必要な労働時間を300時間に収めます。これを月に直すと、25時間。一日1時間働けば年間売上300万円の目標達成です。

あとの23時間は自由に使いましょう。家族を大切にしてもいいし、地域のボランティアをしてもいいし、趣味に打ち込んでもいいでしょう。これが「豊かさ」というものだと僕は思います。

前述の通り、僕はまだ朝7時から夜8時まで活動して売上500〜600万円という水準なので、この極端な理想にはまだ近づけていません。ブログ執筆なども含めて時給換算すると、せいぜい2000〜3000円程度でしょうか。自分の市場価値を上げ、あと数年で「時給1万円」をなんとか達成したいところです。

他人の人生に口出しするつもりはありませんが、「貧乏臭い」僕の目からすると、日本のサラリーマンの多くは、「お金が必要だ」という強迫観念に駆られて日々働いてしまい、本当に大切なものを大切にできていないように見えます。

自分にとって本当に大切なものを大切にしながら生きていく上で、本当にお金ってそんなに必要なのでしょうか？　人生における優先順位のトップが、盲目的に「お金を稼ぐこと」になってしまってはいないでしょうか？

1章まとめ

- 自分の生活にかかる最小限のコストを計算しよう
- 「貧乏」をクリエイティブに楽しもう
- 盲目的にお金を稼ぐのではなく、必要な分だけ稼ぎ、余剰の時間を生み出すという考え方になろう
- 自分の職能の収益性を高めよう。今の会社でしか通用しないスキルを長時間かけて磨かないようにしよう

り、
がり！

しい。「つながり」を築いて楽しく生きよ

金よ

2章

つな

お金がないと何もできないのは逆に貧

オープンになれば、お金は節約できる

本章では、「お金」とソーシャルネットワークがもたらす「つながり」について考えてみたいと思います。

僕の考えでは、人的なつながりさえ豊かであれば、お金は少なくても、あるいは全然なくても大丈夫です。

分かりやすいところでは、友だちとルームシェアをしていれば、家賃や光熱費、食費はだいぶ少なくなります。旅行に行く時にも、ホテルではなく知人の家に泊まれば、宿泊費はかなり抑えることができるでしょう。人とつながっちゃえば、安価、もしくはタダで様々なものを調達できるわけです。

他人と部屋を共有するためのウェブサービスはいくつかあるのですが、その中に「カウチサーフィン（couchsurfing.org）」という興味深いものが存在します。

6章で紹介する「ルームステイ（roomstay.jp）」や「エアビーアンドビー（airbnb.com）」といったサービスは、個人が自分の家のスペースを有償で貸し出すものですが、この「カウチサーフィン」は、なんと「無償で」部屋を旅行者に貸し出すサービスです。

ウェブサービスに慣れ親しんでいない方には分かりにくいと思いますので、もう一度強調すると、「カウチサーフィン」を使えば、無料で誰かの家に泊まることができるのです。それも世界中の家に、です。

もちろん皆さんが部屋の貸し手になり、世界中の旅行者を泊めることも可能です。あなたの家の、空いている部屋が無料宿泊所になるわけですね。カウチサーフィンは現在、207カ国480万人に使われている、無料の国際的な宿泊プラットフォームにまで成長しています。

カウチサーフィンは全て無料なので、部屋の貸し手は利益を得ることもなく、借り手はお金を払うこともありません。では何のために貸し手が部屋を提供するかというと、旅行者である借り手との「つながり」を楽しむためなのです。

学生向けコピー機サービス「タダコピ」を手掛け、後にバックパッカーとして世界一周に旅立った太田英基さんは「エアビーアンドビー」（有償サービス）と「カウチサーフィン」（無償サービス）の違いに関してツイッター上で、

「あなたの目的が、『現地の人と仲良くなりたい』に比重が置かれているのならば、間違

いなくカウチサーフィンをお薦めする。仕事で出逢った人とはどうしてもビジネスライクな付き合いになりがちでしょう？　それと一緒で、お金を払って得た関係性……それは単なる顧客と提供者に他ならない」

「カウチサーフィンはあくまで『共有』をテーマとしたプラットフォームです。だから、ホストがあなたに寝床を提供してくれているのだから、あなたはあなたの体験や知識や特技、文化等をホストと共有することを心掛けるべきです。ホストと十分な時間を過ごすことが出来そうに無い場合はカウチサーフィンを使うべきではない」

と語っています。

カウチサーフィンから分かるのは、自分を積極的にオープンにし、人とつながることで、金銭的コストは下げられるということです。カウチサーフィンでは無料で宿泊する代わりに、ホスト（貸し手）と交流すること、すなわち「つながること」が暗黙的に求められているのです。

お金とは、人とつながらないための「免罪符」

カウチサーフィンと有料の宿泊サービスを比較した際の、「お金」の働きは注目に値します。何かの事情があって、人とつながりたくないのであれば、普段通りホテルを使うか、他の有料のサービスを使うことになります。つまり、お金が「人とつながらないための免罪符」として機能しているということです。お金を払うから、俺のことはほっといてくれ、と。

コミュニティの一員として無償で友人を助けるのか、ビジネスとして有償サービスを提供するのか。お金が介在するか否かで、「旅行者を泊める」という同じ行為が全く違う意味をもってしまいます。「貧乏がデフォルトになる」これからの日本においては、前者のアプローチの重要性が増していくと考えられます。

見方を変えれば、**積極的に人とつながり、誰かを助けることができる人は、お金を支払わなくても様々なメリットを享受《きょうじゅ》できる**ということでもあります。

非常に優れたコンテンツを持っている人や、卓越したコミュニケーション能力がある人は、自分を「オープン化」することで、金銭的なコストから逃れることができるでしょう。「つながる」ことで節約できる、とはこういうことです。

知識や経験を公開して人とつながる

例えば僕は、ツイッターやブログで自分が得た知識や経験を積極的に公開しています。誰からも頼まれていませんが、「今ブログでいくら稼いでいるか」「どうやればブログで毎月20万円稼げるか」といった情報をガンガン公開しています。頼まれてもいないのに、日々考えていることとなんかをアウトプットしているのです。僭越ながら、情報を出すことによって、まだ見ぬ誰かを助けたいと思っているからです。

不思議なことに、自分の頭の中、ビジネスの手の内をオープンにすると、人とのつながりが発生してきます。自分が何かを与え続けていくと、いつのまにか、たくさんのものを周囲からもらえるようになるものです。

僕はそうして生まれる直接的なつながりの中で、ビジネスを行っています。自分をオープン化するメリットは多岐に及び、例えば僕の場合だと、

- 営業をしなくても、ブログ・ツイッター経由で講演依頼、執筆依頼が舞い込んでくる
- ブログでのレビューを期待して、本や食品が送られてくる
- ブログでのレビューを期待して、市場投入前のサービスを先行体験できる

などが挙げられます。

言わずもがな、これらの仕事やモノ、サービスを自分で獲得しようとしたら、かなりの金銭的、時間的コストが掛かってしまいます。

本は毎月10冊ほど献本を頂きますが、自分で買ったら1万円はゆうに超えます。講演やコンサルティングの仕事も、自分で電話営業、飛び込み営業をしていたら莫大な時間が掛かります。僕は、自分が提供できるものは積極的に提供（オープン化）し、人とつながることで、あらゆるコストを抑えているのです。

ただし、お金が絡まないからこそ、そのつながりは厭《いと》わしいものにもなりえます。例えば献本を頂くときも、「貰ったしレビュー書かなきゃな……」という意識が自分の中に勝手に芽生えてしまいます。これは自分のお金で本を買ったときには、ありえない感情でしょう。お金が介在しない場合は、「助け合い」の文脈に囚われてしまうのです。

人とつながるのが嫌なら、今まで通り、お金を払いましょう。お金を払いたくないのなら、自分を「オープン化」し、人と積極的につながりましょう。貧乏化するこれからの社会では、そういう選択を頻繁に求められるようになると思います。

「貧乏人はオモテに出よ！」

もう少し悲壮感たっぷりに語れば、「貧乏人はオープンにならざるをえない」ということも、厳然たる事実なのかもしれません。

貧乏人が「つながりたくない」と叫ぶのは、無理な要求であり、手の届かない贅沢と言えるのかもしれません。僕と同姓同名の池田勇人元首相の言葉になぞらえれば「貧乏人はオモテに出よ！」といったところでしょうか。

「無縁社会」という言葉が叫ばれて久しいですが、裏返せば、僕たちは誰かとつながらないでいられるほど、まだまだ豊かなわけです。「一億総貧乏社会」が訪れれば、文字通り否が応でも、僕たちは誰かとつながることを求められるようになるでしょう。実際、豊かでない時代は良くも悪くも人々は助け合い、強いつながりに縛られていたはずです。

将来的に、人は「孤独」を金を払ってまで買うようになるでしょう。それは田舎の束縛を逃れ都会に出てきた、過去の人々の姿と重なるのかもしれません。

既にワンルームマンションなどはその気配がありますが、近い将来、孤独でいることは、金持ちの道楽になっていくはずです。「深窓《しんそう》の令嬢」は、令嬢だから深窓にこもっていられます。そうでない一般人は、表に出て何かを与えたりもらったりして、生きていくのです。

つながりを自分でデザインする「ムラ社会2・0」

そんなことを書くと「要するに社会が貧乏化し、閉塞感のあるムラ社会に戻るのか」と思う方が出てきそうですが、楽天的な僕は、そういう単純な揺りもどしは十分避けられると考えます。それは何より、僕たちがインターネットという道具を手にしているからです。

いわゆる「ムラ社会」は、文字通り、ムラというアナログな「場所」にメンバーが固定される社会です。

過去の「ムラ社会」では、たまたま生まれ落ちただけなのに、そのムラに自動的に参入させられてしまいます。退出は困難で、ムラを出た日には「ドロップアウト」扱いを受けます。同調圧力も強く、異論を歓迎しません。過去の「ムラ社会」では、誰とつながるかを自分の意思で選ぶことが困難なのです。

一方、インターネットが浸透した社会における「ムラ社会」は——「ムラ社会2・0」とでも呼びましょうか——とても明るいものになるでしょう。

まず、「ムラ社会2・0」では、誰とつながるかを自分で選ぶことができます。同質な人たちとつながりたければ同質な人の集うコミュニティに、異質な人とつながりたければ異質なコミュニティに入ればいいのです。

例えば「ミクシィ」のコミュニティのように、その流動性は基本的に高く、「来るもの拒まず去るもの追わず」という哲学が貫かれます。流動性が極端に高いコミュニティでは、常に人が行き来し、いま何人の人が所属しているのかを正確に知ることすら困難になるでしょう。

さらに、複数のコミュニティに所属することも容易になります。ムラ社会2・0では、地域、年齢、趣味・関心、学校、職場、職種などなど、様々な軸で人とつながることができます。これも、過去のムラ社会では難しかったことです。

インターネットでは、時空を超えて人々とつながることができるため、極端にニッチなコミュニティも成り立ちます。例えば僕の周りでも、「ベトナムで起業する人向けのコミュニティ」「NPOとITに関心がある人のコミュニティ」など、土地に縛られていてでは形成しようがないコミュニティが活発に活動しています。皆さんがマニアックな趣味などを持っているのなら、「ムラ社会2・0」は最高の空間となるでしょう。

最後に、コミュニティへの関与度も、自らの裁量で調整することができます。ムラ社会2・0では、「十三歳になったら若衆だから、ムラの義務をこなせ」というコミットメントに関するルールは基本的に不在で、コミュニティに深く関わりたいなら関わればいいし、傍観していたいなら傍観していればいいのです。なんだか雰囲気が合わなくなってきたら、特に説明責任もなく、途中でフェードアウトすることも可能です。

キャッチーな言葉を使えば、**テクノロジーの進化によって、僕たちは「自分自身でつながりをデザインすることができるようになった」**わけです。自らのつながりは自らがデザインできる。これがムラ社会2・0の本質です。

昔は、こんな贅沢は許されなかったはずです。

自分の「強度」が試される

ツイッターを使っていると、読まなきゃいいのに「お前の意見は不快だ」とメッセージを飛ばしてくる人が少なからずいらっしゃいます。

彼らは重要なことを勘違いしています。人とのつながり、ましてやツイッター上のゆるいつながりなんて、自分でデザインすればいいのです。誰かの意見が不快なら、黙ってフォローボタンを外せばよいだけです。何をわざわざ食って掛かる必要があるのでしょうか。

ツイッターで誰かを逐一気にしてしまうような、多様性を許さない態度では、これからの社会は本当に生きにくくなると思います。

前述の通り、インターネットは全世界に、超小規模なコミュニティを乱立させています。その中には、明らかに自分の価値観には合わないものも含まれてきます。

僕自身もツイッターやフェイスブック上で、明らかに価値観が合わない人たちが「群れている」と感じることがしばしばあります。

しかし、そんなことを気にしていたら、まったくもってキリがありません。その程度の不快感は「多様性を認める」というお題目のもとスルーしておくのが、自分の人生をよりよく生きるコツでしょう。

多くの人が「オープン化」を始めると、人々の行動が可視化されるようになるので、嫉妬深い人もこれからは生きにくくなります。

ツイッターやフェイスブック上では、誰かの成功を目にする機会はとても多いです。僕を含めて、何か成果があったときには、自己顕示欲《けんじ》を満たすため、マーケティングのために、自慢げにつぶやいてしまうものです（「書籍出版が決まった！」など）。

一方で、失敗をしたことは普通自らつぶやかないので、結果的にソーシャルメディア上では幸せ者が溢《あふ》れているように見えてしまいます。

卑近な例では、僕はフェイスブックを始めてから、知人の結婚や出産のニュースを目にする機会が明らかに増えました。**誰かの幸せを目にする度に「こいつらの幸せが憎い！」なんてことを思っていたら、すぐに心がダメになってしまうでしょう。**

誰がどういう生き方をしていようと、「自分は自分」という態度を持つことが、「ムラ社会2・0」では求められます。これからは自分の「強度」が試されるのです。自分の根っこが定まっていない人は、周囲に振り回され、常に空気を読み続け、生きづらくなっていくのかもしれません。

テクノロジーを手にした僕たちは、誰とつながるかを選び取ることができるようになりました。自分らしさを発揮できる気持ちのよいつながりをデザインするか、自分を偽らざるをえない、自分を裏切らざるをえない欺瞞《ぎまん》・同調圧力・閉塞感に満ちたつながりをデザインするかは、僕たち一人ひとりの選択にかかっているのです。

社会は「タコツボ化」していくのか？

さて、次は「無縁社会」が貧乏化によって「ムラ社会2・0」になるとして、それはそれで、結局のところ極小の「タコツボ」が社会に乱立してしまうのではないか、というテーマについて検討してみましょう。

もう少し噛《か》み砕くと、ムラ社会2・0化が進むことで、人々が自分の好きな人たちとしか付き合わないようになり、必要以上に他人に関わらなくなってしまうのではないか？社会について無関心な人が増え、公共心や愛国心、共同体意識が壊れていくのではないか？　という疑問になるでしょう。

この問いに対して僕が持っているひとつの答えは、「タコツボの中だけで生きていけるほど、世の中甘くない」というものです。

コミュニティにうまく関われれば、様々なモノやサービスを、お金をスキップして得られる可能性がありますが、生活に必要な資本のすべてを調達することは極めて困難です。せいぜい本や家具、家電を交換したり、一緒に住んで生活費を抑える、といったレベルのことしかできないでしょう。

となると、否が応でも人はタコツボの外に出て、社会とつながり、ある程度のお金を稼ぐために仕事をすることになります。資本主義社会はご存じの通り厳しいので、タコツボの中とは比べ物にならないほど、様々な理不尽を被るようになります。でも、お金が必要なので、ある程度は頑張らないといけないのです。

そうして日々に疲れたビジネスパーソンは、タコツボに避難し、癒《いや》され、厳しい資本主義社会に舞い戻ります。

ムラ社会2・0化が進んだとして、収入や支出は減るかもしれませんが、相変わらず人は働かなくてはならないので、ご心配のような「タコツボ化」は特段ないと思います。

むしろ、インターネットを介して人と人がつながることで、人々がちょっとした癒しを得たり、コミュニティ内で支えあったりできるようになるので、社会全体から見たら、ムラ社会2・0化は促進すべき変化だとすら思います。

実際に、シェア系のサービスの台頭を見ているかぎり、インターネットによって、人々は孤立化するどころか互いにつながり、金銭を超えた相互扶助を行うようになっています。

インターネットの相互監視は「カルト」を生みにくい

また、排他性の高い、いわゆる「カルト」のようなコミュニティが生まれる懸念も、一部の読者は抱くかもしれません。インターネットを活用して、カルト集団や違法性のある宗教団体などが次々と生まれるのではないか、と。

しかしながら、この時代においては、「ウィキリークス」が象徴するように、社会的な常識、モラル、法律に反する行為は、一瞬にして暴露されてしまいます。排他性が高いコミュニティでも、「被害者」が実際に出た段階で、すぐに問題は白日の下に晒《さら》されるでしょう。

幸か不幸か、2ちゃんねる近辺には正義を振りかざすのが大好きな、市民警察のような方々がいらっしゃいます（いじめ加害者など、彼らの正義にもとる行為をした人物の住所や名前を暴く、などは彼らの得意技です）。

インターネットによってつながりやすくなった一方で、「秘密」はすぐに晒されるようになっていきます。ゆえに、何らかの「被害者」を大量に生み出してしまうような、犯罪的なコミュニティは、インターネット上では形成されにくいでしょう。

これから起こるのは、人々が金銭的・精神的なメリットを感じて、積極的につながりあうようになり、癒しや楽しさを得たり、お互いを支えあったりするようになる、という、総じてポジティブな変化です。

これまでの社会では、大多数の人は「家族」「会社」という二つのコミュニティのみに所属していましたが、**これからはそれらに加えて第三、第四、第五の居場所として、自由度高く関われるコミュニティにも所属するように変化していくでしょう。**

「家族」というコミュニティ内でのサービスやモノのやり取りにお金が必要とされないように（子どもが朝ご飯を食べるたびに、サービス料を要求する親はいないでしょう）、第三以降のコミュニティでは、やはりお金はそれほど必要とされません。

お金が必要なのは、つながりや創造性が貧しい証拠

もっとラディカルにいえば、日々の生活にお金が掛かるということは、保有しているつながりの質・量や、創造性が貧相である証拠です。

印象的なエピソードとして、「トーキョーよるヒルズ」という、次世代型のシェアハウスを運営していた高木新平さんは「これまでこのシェアハウスに、地方から来た人を無料でたくさん泊めてきたので、その気になれば日本中をタダで宿泊できる」と語り、実際に日本中を渡り歩く生活をなさっていました。

高木さんが日本中をタダで宿泊できるのは、つながりが豊かだからです。僕は高木さんほど豊かなつながりを持っていないので、地方に行くときはやっぱり宿泊費が掛かってしまいます。彼のように金銭的コストをスキップすることができないのです。

未来の社会においては「生活にお金が必要な人」は、「貧しい人」と見られるようになっていくのでしょう。いわゆる「お金持ち」は、「何かを手に入れるにしても、助けてもらうにしても、何をするにもお金を払わないといけない孤独で貧しい人」として見られるようになるかもしれない、ということです。

一方で、金銭的には貧乏だけど、仲間と支えあいながら何不自由なく楽しそうに生きている人は、豊かな人だと捉えられるようになっていくでしょう。実際、僕は後者のほうが豊かだと思います。

つながりの少ない金持ちは「貧しい」、つながりの豊かな貧乏人は「豊か」。これはかなりラディカルな予測ですが、ありえない話ではないと思います。

「これにお金払う必要ある？」

そもそも、何かを得るためにお金が必要、という前提自体が、疑って掛かるべきものです。極端な例では『ぼくはお金を使わずに生きることにした』（紀伊國屋書店）という本を書いたマーク・ボイル氏のように、一年間一円も使わずに生きることも可能です。

また、坂口恭平さんは『独立国家のつくりかた』（講談社）の中で、銀座の一等地に土地代ゼロで家を建てたことを報告しています。つながりや創造性が豊かであれば、お金をスキップすることは十分に可能なのです。

「一億総貧乏社会」においては、盲目的にお金を稼ぐのではなく、創造性やつながりを駆使しながら、「いかにお金を使わずに楽しく生きるか」を追求することが求められます。

日々の生活において、何かを購入する際には「あれ？　これを手に入れるのに、本当にこんなにお金払う必要あるのか？」と問いかけるようにすることから、ぜひ始めてみてください。無批判に、盲目的にお金を支払うのはやめにしましょう。

変化を促進するブースターとしての「お金」

ここまでお金について、どちらかというと「必要悪」のような捉え方をしてきましたが、もちろんお金には、先に触れた「孤独を獲得できる」というメリットだけでなく、他にもポジティブな面が数多くあります。

お金がもたらすもっとも大きなメリットは、社会の変化を加速する力になることだと僕は考えます。

例えば、特定の社会問題を解決できる素晴らしい事業を展開しているＮＰＯが、資金不足で優秀な人材を採用することができない、という場面は頻繁《ひんぱん》に見かけます。改善していく傾向はあれど、やはり多くのＮＰＯはまだまだ高い給料を支払うだけの体力はありません。

様々な調査がありますが、ＮＰＯの平均年収は正規スタッフでも２００〜３００万円といわれます。もし仮にＮＰＯに資金が潤沢に供給され、平均年収が民間並みかそれ以上になれば、日本社会の課題の解決スピードは間違いなく加速していくでしょう（そう考えるので、僕はＮＰＯへのマーケティング支援を行っているのです。まずはＮＰＯセクターに、お金を流入させる必要があります）。

僕たちのような普通の個人が、大勢の人から小口のお金を集めることができる「クラウドファンディングサイト」を見ていても、お金の持つパワーを実感させられます。

代表的なサイト「レディーフォー（readyfor.jp）」には、これまで数多くの個人発のプロジェクトが掲載され、多いものでは８００万円以上の資金が供給されてきました。

例えば「メイク」という切り口で途上国支援を行う向田麻衣さんは、「ネパールで売春宿から保護された女性達にメイクアップ職業訓練を」というプロジェクトを立ち上げ、280人から約276万円を集めました。一人の若い女性が、ほんの2ヶ月ほどで、280人からお金を集めたのです。僕も5000円ほど拠出しましたが、この資金によって、ネパールに雇用が生まれると考えると喜ばしい気分になります。

また、僕の周りのいわゆる「スタートアップ」の人材には、数千万円単位、億単位の資金をベンチャーキャピタルから調達している方が何名もいらっしゃいます。彼らの活動を見ていると、やはりお金のパワーを目の当たりにさせられます。

先日、最年少上場を果たした「リブセンス」の村上太一さんは僕と同世代で、奇しくも同じ学部学科を卒業しています。

執筆現在、リブセンスの時価総額はあのミクシィの190億円を抜き、223億円に達しています。巨大な資本をもとに、彼らはITで世の中を変え続けていくのでしょう。僕はその姿をクールだと思いますし、尊敬しています。

世の中の問題課題に有効な「お金」

何か大きな変化を起こそうとしたとき、間違いなくお金は必要です。その力を否定するつもりはまったくありません。お金はその意味で偉大です。万が一、僕の書く本が超ベストセラーとなり、大金を手にしたら、そのときは「エンジェル投資家」となって変化を起こそうとする才能に資金を提供したいと夢見ているくらいです。

しかしながら、僕たちがお金を手にする理由が単に「生活するため」であるのなら、お金の価値を一度疑ってみる価値はあります。**単に生活するだけなら、それほどのお金はいらないかもしれませんし、必要以上のお金を無理に稼いで心身を摩滅させるのは、決して賢い選択とはいえません。**

僕の価値観では、お金は「世の中の課題を解決するため」に使われるものです。しかし、今の日本社会は、お金を稼ぐことに囚われすぎているがために、自殺やうつ、貧困、犯罪といった社会問題が数多く生み出されてしまっているように感じます。

順当に考えれば、これからお金を稼いでいくことは、一層難しくなっていきます。普通に生きていく上で、お金はある程度必要ですが、その「必要度」は、テクノロジーの活用や、コミュニティの力で十分下げることができます。

1章で論じた通り、お金への依存度を減らせれば、その分だけ、人は優しくなることができます。自分の取り分以上のものは、誰かに分け与える余裕、採算度外視の親切をする余裕が出てきます。お金のためではなく、何より社会のために働くことができるようになるでしょう。

大げさかもしれませんが、イケイケドンドンの成長が難しくなるこれからの時代、この「優しさ」こそが、日本を再生する力になると僕は考えています。

2章 まとめ

- つながりをデザインし、お金をスキップできる環境を獲得しよう
- お金がないと何もできないのは逆に貧しい、ということに気付こう

・何かを買う際、本当にお金が必要か疑ってかかろう

外へ!

会社の外へ発信して社会とつながれ

さあ

3章

柵の

「飼い殺しの羊」になってはいけない。

弱い部分を預ける恐怖

本章では、お金の問題と密接すぎるほど関係する「働く」ということについて考えてみたいと思います。パーソナルな話になりますが、「お金のために働く」のがいやになって会社を辞めた、僕自身の思考の軌跡を共有させてください。

僕は2009年に大学を卒業した後、大企業に就職しました。新卒として入社した会社はルネサステクノロジという半導体のメーカーで、希望が通り、広報部に配属されました。

しかしながら、僕が入ったルネサステクノロジは、入社したその月に競合のNECエレクトロニクスとの合併が決まり、大きなリストラをすることになってしまいました。前職を悪くいうつもりはないのですが、たとえるなら、大企業という「大船」に乗ったつもりだったのに、実はタイタニック号だった……というなんとも笑えない話です。

ルネサステクノロジは2000億円という、目も眩《くら》むような赤字を計上しました。しかし、それでも毎月給料はもらえましたし、少額ながらボーナスも支給されました。思い返すと不思議なのですが、僕はそのことに対して、強い違和感は抱いていませんでした。膨大な赤字でも、どこからか毎月お金はちゃんと降ってくるようだ、という根拠なき安心感がありました。今思うと、完全に感覚が麻痺《まひ》していたように思います。

そんな時に、たまたまメディアで見かけた**「お金の保証がなくなる怖さという、自分の『弱い部分』を会社に預けてしまうと辞められなくなるから、就職をしなかった」**という、クックパッド創業者の佐野陽光さんの言葉に触れ、僕は痺《しび》れるような衝撃を味わいました。

自分はまさに「弱い部分」を預けきっていないか？　もしこの会社が明日なくなったとして、僕はどうやって食べていくんだ？　赤字2000億円だぞ、ありえない話ではないじゃないか。よく考えれば、毎日会社に行けば、とりあえず給料はもらえるなんて、飼い殺しにされている羊みたいなもんじゃないか。そこに餌も水も供給されなくなったとき、僕は柵の外で生きていける力はあるのか？

そんな疑問符を持って周りを見てみると、なんと、他の新入社員や先輩社員の一部の方々が、弱い部分を預け切った、「目が死んだ羊」に見えてきてしまいました（なんとも失礼な表現で申し訳ないですが……。でも、かくいう僕自身も完全に目が死んだ羊になっていたのです）。

「お金の保証がなくなる怖さ」は、野生動物でいえば、「明日も食事にありつけるかどうか分からない怖さ」にたとえられるでしょう。餓えの恐怖を忘れた動物は、たまたま環境に恵まれれば平穏な一生を終えられるかもしれませんが、環境が激変した時、最初に絶滅してしまうはずです。

皆さんは「飼い殺し」にされていませんか？　弱い部分を預けていませんか？　会社の外に出ても、最低限生活に必要なお金を稼いでいける自信はありますか？

僕はこれらの問いに対する答えを得るために、大企業を飛び出そうと考えました。

「柵《さく》の外」に自分の存在を知らしめよ

「飼い殺し」を脱出するためには、まず自分のことを「柵の外」の世界の人たちに知ってもらうことが大切だと思います。外にいる力強い野生動物たちとコンタクトを取り、世界を広げることから始めましょう。僕自身は、そうして飼い殺し人生から抜け出すことができました。

「どうやって『柵の外』に知ってもらえばいいの？」と疑問を抱く方も多いと思いますが、自分の存在を知らしめるためのインターネット上のツールは、すでに豊富に用意されています。ツイッター、ブログ、フェイスブック、ユーチューブ、それらのツールを使えば自分の存在を会社の外にまでアピールすることができます。

僕の場合は特にブログを活用しました。海外の最新のソーシャルメディアに関する動向をひたすら発信していたら、いつの間にか数万人が読むメディアとなり、結果的に外の世界との接点を得ることができました。

もう一度、僕の個人的な話に戻らせてください。

新卒で大企業に入り、広報部に配属された僕は、ウェブに詳しかったこともあり、当時黎明《れいめい》期を迎えていた「ソーシャルメディア」の担当を任されました。アメリカが拠点のフェイスブックページとツイッターアカウントを立ち上げる、という特命チームに参加することになったのです。

今でこそフェイスブックページやツイッターアカウントを運用している企業は無数にありますが、当時は本当に数が少なく、「ツイッターやったら炎上するんじゃないか？

どういう効果があるんだ？　そもそもソーシャルメディアって何だ？」という社内の疑問を解くのに苦労をした記憶があります。

合併が決まってゴタゴタしていたということもあり、なかなかツイッターアカウントを開設する話が進みません。そんなわけで、当時の僕の業務の中心は、海外のメディアを読み、最新の情報を収集・社内共有していくことでした。

情報を共有する過程では、必ず英語の記事を日本語に要約・翻訳します。そこで僕は、せっかくの情報を会社の中だけに閉じ込めていては何だかもったいないので、それらの翻訳メモと、付随する自分の感想を投稿するブログ「日本にソーシャルメディアの風を！」を始めることにしました。

スタートした当初は、読者数も数百人と、閑散としたブログでした。僕自身も、あくまで自分の備忘録的な意味合いで使っていたので、読者を増やすという発想は希薄でした。

淡々とマイペースに投稿を増やし続けていたのですが、ビジネス誌や情報番組でソーシャルメディアに関する特集が組まれるようになると、潮目が変わりました。情報を求める数多くの人たちが、ソーシャルメディアに関する情報が大量に蓄積されている、僕のブログに検索エンジン経由で訪れるようになったのです。読者数は数ヶ月で、一気に数万人にまで伸びました。

読者の中にはベンチャー企業の社長もおり、何かのきっかけでツイッターのダイレクトメッセージを頂き、飲み会にご一緒させていただくことになりました。

話の流れで、「社内でソーシャルメディアを推進しているけれど思うように導入が進まない」「会社の合併が決まり大規模なリストラも控えている」、そんな悩みを吐露《とろ》したところ、なんと「だったらうちの会社で一緒に事業を立ち上げない?」と入社を誘われ、その場で転職することが決定しました。

そんなわけで、僕はブログを通して社外に自分を知らしめることにより、転職することができたというわけです。**僕にとってブログは、会社という「柵の外」とつながるためのツールとして役目を果たし、違う世界へ旅立つきっかけを提供してくれました。**今でこそしばしば「ブログで転職」という事例を見聞きするようになりましたが、ブログやツイッターのない10年前ではありえなかったキャリアパスでしょう。

専門性や熱い想いを発信せよ

本章で強く伝えたいことは、飼い殺しにされないために、自分の存在を会社という柵の外にも知ってもらうための努力をしたほうがよい、ということです。

ブログひとつ開設するくらいなら、お金も掛かりません。文章を書くのがどうしても苦手なら、自分で勉強会などを開催してもよいでしょう。数十名規模の集客なら、ソーシャルメディアを使えばそれほど難しくありません。

「伝えることなんてないよ」と思う方もいらっしゃるかもしれませんが、広く社会で共有できる価値ある情報は、ビジネスパーソンであれば、というか人間であれば、誰もが持っています。

たとえば、皆さんが会計のスペシャリストなら、「会計の専門家を目指す人が読むべき10冊の本」というタイトルのブログ記事を書いてみましょう。皆さんが営業に強みを持っているのなら「成功する営業マンの3つの特徴」という記事を書いてみましょう。皆さんがマーケターなら「これだけは知っておきたい！　思わず唸《うな》るキャンペーン事例5選」でも「マーケターなら読んでおきたい10冊の本」でもよいでしょう。

仕事の話ではなく、趣味性のある情報も素晴らしい価値を持ちます。例えば皆さんが釣りマニアなら「初心者が釣り竿を選ぶときに気をつけるべき5つのポイント」を共有しましょう。パン作りが好きなら「パン作りにこだわりたい人がそろえるべき3つのアイテム」を共有しましょう。ロックが大好きなら「ロックが嫌いでも聴いておかないと人生を損する3つの名曲」を共有しましょう。

専門性がまだない新入社員や学生の場合は、仕事をする中で得られた気付きや、話題のニュースに関する意見を書いてもよいでしょう。セミナーに参加したレポートや、この本の意見や感想を書くだけでも、それは価値あるコンテンツになりえます。成長の記録は、とても魅力的なコンテンツです。

皆さんは生きているんです。生きている以上、千人、一万人、十万人が感動するコンテンツを、必ず発信することができます。赤ちゃんだって、ひきこもりの人だって、人を感動させることはできます。

皆さんが蓄積してきた知識や、日々直面する体験の数々は、「柵の外」につながるための、生き抜いていくための重要な資産となります。知識を公開してください。意見を表明してください。想いを表現してください。そういう努力は、飼い殺しから脱出するために間違いなく求められます。

表現手段は文章でも、写真でも、絵画でも、パフォーマンスでもよいでしょう。表現すれば、世界とつながり、様々な機会を獲得できます。自力で、まずは柵の外とのつながり、外界で生きていけるだけの力を身に付けていきましょう。

炎上するのは、柵の外に近づいている証拠

そうして皆さんが情報をオープンに発信していくと、ほとんど必ず、皆さんに対して批判が寄せられることになるはずです。柵の中の同類たちから「夢を見るんじゃない」と諭されてしまうかもしれません。柵の外からも「何を言っているんだお前は」と攻撃されるかもしれません。

この手の摩擦は、何かを表現・表明しようとした場合、まずもって避けることはできません。極論、全く何の批判も浴びないようなら、それは誰の心も動かしていない、何も変えられていないということです。

ツイッターなどで、匿名アカウントから攻撃されることがあったら、自分に自信をもってください。**炎上するのは、それだけエネルギーがある証拠です。**注目すべき価値を、皆さんが持っている証拠です。炎上を経験しているのなら、皆さんは確実に柵の外に近づいています。場合によっては、もう、外でも生きていける力を持っていると思います。

そんなことを書くと、賢明な方々は、「イケダは若者を奈落へ導くハーメルンの笛吹きだ」と注意喚起《かんき》したくなるかもしれません。冗談みたいですが、実際そう言われたこともあります。

ただ、本当に皆さんが明らかに間違った方向、例えば犯罪の被害者・加害者になる、多額の借金を背負うことになる、といった方向に進んでしまっている場合は、皆さんのことを心配する仲間が、アナログな方法でこっそり伝えてくれるはずです。あなたのことを本当に心配する人は、決してツイッターなどを使い、公衆の面前であなたのことを罵倒することはありません。

また、皆さんは自分の頭で、自分の人生を考えるだけの能力を有しています。少なくとも、この本をここまで読み進められるのなら、それは間違いないでしょう。無責任なようですが、僕の考えは、あくまで僕という小さな個人の、限定された体験にもとづく主観です。

冷たいようですが、僕は皆さんの決断に対して、責任を取ることはできません。もし、この本や僕のブログを読んで、会社を辞めることを決意し、皆さんが失敗しても、僕はその責任を取れませんし、法的・道義的な責任もないでしょう。これはずるい論理かもしれませんが、僕は自分のブログでも本でも、自分の人生の決断に対して、自分で責任を取ることのできる人にしか、語っていないつもりです。

と、少し話がそれましたが……例えば、こういう文章を書くと、ツイッター上で炎上するわけです。重要なのは、「信念や根拠を持って何かを断定すれば、必ず賛否が生まれる」という世界の法則が存在するということです。

僕の無責任さに不快感を覚える人もいれば、「誰かの文章を読んで行動したとしても、その責任は決断した本人が取るなんて当たり前だ」と共感する人もいるでしょう。

経験的には、皆さんの意見を攻撃する人がいれば、それと同数か、その数倍は、皆さんの意見に共感する人がいるはずです。10人に攻撃される意見には、50人程度の共感者がいるということです。共感する方はなかなか声を上げてくれないものなので、孤独に感じるかもしれませんが、必ず賛同者は存在します。

賛否を呼ぶような意見を表明することで、発信者の周囲には一つの集団が形成されます。そのつながりの量や質は、明日を生きていく力に直結します。

想いを持って何かを断定することは、たとえるなら、柵の外へ抜けて狩りに出ようと試みることです。「これはおかしい」「私はこう思う」と挑戦することは、手痛い結果となることもあれば、自分を鍛え、生存能力を高めることにもなりえます。

同調圧力が強い柵の中では、強い語気で断定することは憚《はばか》られてしまいがちですが、ぜひ勇気をもって、批判を恐れず、熱い想いを表明しましょう。今の仕事に不満があるのなら、それを分析し、価値観を表明しましょう。**社会に違和感を覚えるのなら、炎上を覚悟で自分の意見を発信してみましょう**。必要なのは勇気だけです。飼い殺しにされた羊を覚醒させるのは、そういうプロセスだと思います。

（なお、意図的に賛否を呼ぶ、いわゆる「炎上マーケティング」は行うべきではありません。時には少しの演技性も必要ですが、常に自分を偽り、ピエロを演じてしまっては、かえって自分に縛られてしまいます。炎上を肯定的に捉えるとすれば、「素でやっているんだけど炎上してしまう」という状態こそが、健全といえるでしょう。）

声を上げたもん勝ち社会

日本人は基本的に声を上げないので、違和感や異論を抱いていても、オープンな場では空気を読んで黙り込み、クローズドな場に入って初めて気持ちを吐露したり、共感しあったりします。

居酒屋で繰り広げられる「会議中は言えなかったけど、あれはちょっとおかしいよなぁ」「そうそう、あの空気だと流石に言えないけど、俺もおかしいと思う」なんて会話は、もはや日本の伝統芸能といえるほどです。

僕はどちらかというと昔から引っ込み思案で、人前ではほとんど発言しない人間で、今でもセミナーなどで質問をするときは、心臓がバクバクでしどろもどろになったりします（一度壇上《だんじょう》に上がってしまえば大丈夫なのですが……）。

幸いにして文章を書くのが好きで、テキストを使ってなら自分の言いたいことを、こうして自由に書くことができました。こうして自己表現の世界に入ってみると、世の中、特に日本は「声を上げたもん勝ち社会」であることがよく分かります。

僕が書くブログ記事の中には、多いものだと1000人以上からの「いいね！」を集めるものがあります。批判も多いですが、「共感しました」というメッセージを頂くことも頻繁です。

ただ、「共感する」ということは、極端にいえば、僕は何も新しいことを書けていない、ということだとも思います。少なくともその人が共感している以上、僕とその人には共通点があり、僕はある意味でその人の言いたいことを「代弁」したにすぎません。その人にとって、自分より早く言語化したのが、たまたま僕だったというだけです。

僕はあざといので、「みんな思っているけど言いにくいこと」を、意図的に書くことがあります。例えば「面白い人ほど会社を辞めていく」だったり、「下積み三年なんて古い価値観は捨てよ」だったり。そういう記事は、批判も集まりますが、一方でたくさんの「いいね！」を集める傾向があります。憶測ですが「いいね！」をする人は「よくぞ言ってくれた！」という気持ちが少なからずこもっているのではないでしょうか。

そういう「いいね！」を集める時、僕は何か新しいことを書いているわけではありません。皆さんの中にある意識を、自由な身分と、僕の特技を生かして、誰よりも先に言語化しただけです。

ブログを書いていると、自分が凡人であることに気付かされます。結局、みんな同じことを、どこかで思っているのです。これは僕がブロガーとして乗り越えるべき課題なのかもしれません。

でも、どうせみんな同じことを思っているんだったら、先に発言しちゃうのが得だと思いませんか？　みんなが感じているであろうことを自分の意見として述べているだけなのに、いつの間にか「オピニオンリーダー」になってしまいます。

この話は、ブログという空間に限らないと思います。会社の中でも、学校の中でも、サークルの中でも、結局、みんな同じような不満だったり、問題意識を抱いているのです。そんなときは、誰よりも先に声を上げて、オピニオンリーダーになりましょう。矢面に立つことにもなりますが、仲間はしっかり付いてきます。

問題が大きければ大きいほど、敵は強大になりますが、味方も強大になっていくでしょう。今の日本は「声を上げたもん勝ち」なのです。炎上を恐れずいち早く声をあげ、他人をリードし、コミュニティをつくっていきましょう。そうして僕は柵の外に出て、今はとても自由に生きることができています。

僕が考える「いい会社」のたったひとつの条件

何だか全体的なトーンとして「アンチ会社」のような立ち位置から書いてしまっていますが、僕は「会社」の可能性も信じていますし、素晴らしい仕組みだと思います。会社という概念は「学校」のようなもので、よくもなれば悪くもなります。「会社はダメだ」という態度は「学校はダメだ」というぐらい、曖昧で意味不明なスタンスです。

ではどういう会社がエクセレントなのでしょう？　ブロガーという仕事柄、たくさんの企業や起業家を見てきました。ここでは、そんな僕が考える、「いい会社の条件」について書いてみたいと思います。

僕が考える「いい会社」。それは、**「世の中のどういう問題を解決するために、自分たちは日々働いているのか？」という問いに対する納得できる答えが社内で共有されてい**

る**会社**です。

この状態においては、誰もが「働きがい」を感じることができます。皆さんはこの問いに答えられますか？　皆さんは何を解決するために、日々働いているんですか？

特に事業を長く続けていると、「問題意識」が希薄になっていく可能性があります。

例えば僕はメディア運営や執筆を生業《なりわい》にしていますが、根底には「世の中には、伝える価値のある素晴らしい製品や、コンセプト、価値観がまだまだ埋もれている」という問題意識があります。

6章ではたくさんの興味深いウェブサービスを紹介しますが、きっといずれも、皆さんが知らないものだと思います。本書で紹介するのはごく一部で、世の中には面白い製品、面白い人が溢れており、普通では見えないところに埋もれています。それらの価値ある情報、いわば埋もれる「宝石」たちの魅力を社会に伝えることこそが、「プロブロガー」の存在意義だと僕は考えています。

企業でいえば、こうした問題意識は「ミッション・ステートメント」になるでしょう。例えば僕の仕事のミッション・ステートメントは「世の中に埋もれている、伝える価値のあるものを伝えていく」というものになります。

僕は一人でビジネスを行っていますが、将来的に株式会社化し、従業員50人規模のメディア会社を作るかもしれません。成長は喜ばしいことですが、多くの人を巻き込めば巻き込むほど、「世の中に埋もれている、伝える価値のあるものを伝えていく」という当初のミッションを、社内で共有していくことは困難になっていくでしょう。

社長である僕自身も、いつの間にか「会社を存続させること」「従業員のクビを切らないこと」が目的になってしまい、時にはミッションから外れた仕事を請け負ってしまうことも出てくるはずです。

ミッションに憧れて入ったとしても、上から降ってくるのが哲学のない仕事ばかりだと、社員は「一体何のためにこの会社で働いているのか」を、実感することが難しくなります。

こうなると、社員や幹部が本来持っていたはずの「世の中をよくするために働く」という壮大なモチベーションが、「金を稼ぐため」「スキルを付けるため」という近視眼的なものに変質してしまいます。美しいミッション・ステートメントが、単なるお題目に変化してしまうのです。社長自身も当初のように仕事を楽しめなくなり、スタッフもまた、哲学を失った社長への幻滅を深めていきます。

極端なところまで病状が悪化すると、「何を解決するために会社をやっているのか」という問いに、誰一人納得できる答えを持てない、というところまで行き着きます。従業員は「金を稼ぐため」「スキルを付けるため」という理由しか持てていないので、より多くの報酬がもらえる環境、よりスキルが磨ける環境に、優秀な人から先に移動していきます。

最後に残るのは、幹部社員と、まだ自分の力だけで食べていくことができない未熟な若手社員、「飼い殺し」にされてすっかり他人頼みになってしまった社員、という悲惨な結末になってしまいます。

色々な判断基準があるので一概にはいえませんが、問題意識の強さの度合い、社員との共有度合いは、優れた会社と劣った会社を分ける、もっともユニバーサルな指標だと僕は考えます。

あなたの会社の経営陣が、上司が、あなた自身が「世の中のどんな問題を解決するために仕事をしているんですか？」という非常に素朴な質問にすら、納得できる答えを持てないとしたら、自分の仕事について一度振り返る機会を持つべきです。

「いい会社」にいたとしても、「柵の外」とつながろう

皆さんがもしミッションや存在意義に心底共感できる会社に在籍しており、労働環境もとても良好なら、それは本当に素晴らしいことだと思います。そういう会社が増えれば、日本はよくなると思います。ぜひ仲間を増やして、ビジネスを大きくしてください。心から応援しています。（必要であれば、新製品などのリリースを僕に送ってください。微力ながらブログや連載で取り上げさせて頂くかもしれません。もちろん無償です。）

ただ、そういう会社にいる方にも、僕は「柵の外」とつながる努力、外の世界で生きていける力を持つ努力をすることをおすすめします。それは皆さんの仕事人生を豊かにしますし、会社で発揮できる能力値を高めることにもつながります。

僕はベンチャー企業にいた時代、会社のミッションには強く共感していました。当時は僕も社長も「日本の企業のソーシャルメディア活用を促進する」という想いを抱いて

おり、自分の仕事の意義も深く感じることができていました。

そんな中でも僕は、会社の外となるべくつながるように心がけていました。会社が小規模だったこともあり、社外の人、環境から受ける刺激はかなり貴重なものだったのです。

一時期は、ツイッターで片っ端から会ってみたい人にメッセージを飛ばし、平日の朝は毎日、初対面の人と会うようにしていました。今から2年前のことだと思います。そのとき出会った方々が、巡り巡って今の仕事仲間になったりもしているので、人生不思議なものです。

また、「プロボノ」活動も積極的に行っていました。「プロボノ」は耳慣れない言葉ですが、分かりやすくいえば「スキルボランティア」。つまり、肉体的な労働というよりは、知識的な労働を行うボランティア行為を指します。僕の場合はソーシャルメディアを使ったマーケティング支援という専門知識を持っていたため、NPOの方々に対して、ソーシャルメディアの導入・活用のコンサルティングを無償で行っていました。前述のとおり、NPO支援は、ライフワークとして現在も続けています。

キャリアの役にも立ったNPOでのプロボノ

特にプロボノ経験は明らかに僕のキャリアに好影響を与えました。

ビジネスなので当然ですが、会社で扱っていた案件は、すべて数百万から数千万円単位の「マーケティング予算」が付いていました。

一方で、プロボノとして関わるNPO案件は、ほとんどの場合「マーケティング予算がゼロ」でした。予算制約が厳しい環境では、取りうる選択肢が限られ、工夫が求められます。広告を打つことはできないですし、外注することもできません。じゃあ、寄付を集めるためにいったい何ができるのか？「予算ゼロで寄付を集める」という高度なマーケティング課題には、ビジネスシーンでは滅多に触れることができません。プロボノ活動を通して体験した試行錯誤のプロセスは、間違いなく僕の今の仕事に生きています。

また、プロボノはチーム単位で仕事をすることも多かったので、他社の優秀な人材と一緒に仕事をする、貴重な機会にもなりました。マーケティング関連のプロジェクトでは、専門外である「データベース・マーケティング」のプロフェッショナルと仕事をする機会もありました。そこでは、仕事では学ぶことがなかったであろう知識、人脈を得ることもできました。プロボノを行っているビジネスパーソンは得てして社会貢献意識が高く、スキルも高い傾向があるので、職場とはまた違う楽しさ、緊張感を味わうことができるでしょう。

「脱お金」という点では、プロボノという無償の仕事は、働く意味、モチベーションについても深く考えるきっかけになりました。

「お金をもらわないで人は働けるのか？」という素朴な疑問を覚える方もいらっしゃると思いますが、僕は無償で働く人々が、驚くようなパフォーマンスの成果を出してきたシーンを何度も見てきました。

プロボノは純粋に「誰かの役に立ちたい」というモチベーションで行われる活動なので、報酬がなくても、十分すぎるほど人は働いてくれるのです。「人が働くのはお金のためだ」という幻想を打ち砕く意味でも、プロボノ活動はおすすめできます。

なんだかプロボノを推進する活動家のようになってしまいましたが、皆さんが素晴らしい会社に在籍していたとしても、ぜひ柵の外の世界に触れてみるべきです。そこには社内では得られない知識や経験が、無数に転がっています。ソーシャルネットワークが発展した昨今、外の世界とつながるのは造作《ぞうさ》もないことです。

プロボノを始めるなら、「コラボル（collavol.com）」というサイトをぜひチェックしてみてください。「ロゴの制作」「ビラの制作」「字幕の翻訳」「ウェブサイト制作」「経営アドバイス」など、様々なボランティア、プロボノ案件が掲載されています。プロボノ活動に掛かるおおよその時間も記載されているので、はじめての方でも不安なく参加することができるでしょう。

プロボノはあくまでひとつの選択肢ですが、会社に勤めながら「柵の外」とつながるための、とてもおすすめできる方法です。

「飼い殺し＝お金への依存」から脱出せよ

かつての僕のように、会社から毎月降ってくる月給に安心しきってしまうのは、お金に依存してしまっている証拠でもあると思います。そのような人は、もし数ヶ月間、お金が口座に振り込まれなかったら、大パニックに陥《おちい》ってしまうでしょう。

たかだかお金ごときにそこまで振り回されるのはバカげています。まずは、最小限の生活コストを試算して、本当にその年収が必要なのかを再検討してみましょう。そして、持っているスキルを高め、支え合えるコミュニティに所属し、「自分の存在」を会社という柵の中から解き放ちましょう。

もちろん、今すぐその会社を辞めろという話ではありません。**何も考えずに会社に依存することはやめ、もしも来月から給料が振り込まれないとしても、「まぁなんとか生きていけるだろう」と安心できるだけの準備を、日頃からしておくのです。**

何よりも大切なのは、世界に向けて情報を発信し、人とつながることです。意見を発信する時は、炎上を恐れてはいけません。もう道具はこの手にあるので、あとは実践するだけなのです。

3章 まとめ

・「飼い殺し」にされていませんか？
明日会社がなくなっても、食べていける力を持とう

・そのために、自分のことを
「柵の外」に知ってもらう努力をしよう
・批判や衝突を恐れず、
おかしいと思うことは勇気をもって発信しよう
・「いい会社」にいたとしても、
柵の外をつながり、自分の能力を高めよう

は、

解決

だ。なぜ僕らは働くのかを問い直せ

仕事

4章

問題

「お金のために働く」のは時代遅れ

だ！

働く意義を見失ってしまった

本章では、僕が冒頭で抱いた「お金を稼ぐために働いてしまってないか？」という毒のような問いについて、突っ込んで考えていきます。

ふたたび、迷える若者の個人的なストーリーを共有させてください。

僕はベンチャー企業に入社した当初、本当に仕事を楽しんでいました。ソーシャルメディアという新しいツールを世の中に広めていくことに、大げさではなく「大義」を感じていました。今でこそソーシャルメディアはそれなりに普及しましたが、当時は個人も、企業も、ほとんどうまく活用できていなかったのです。

海外では名だたる企業も普通にソーシャルメディアをマーケティングに使っている状況の中、日本国民、日本企業がツイッターやフェイスブックを始めていないことが、僕にとっては明らかにおかしい、変えるべき現状として映っていたのです。「なんで日本はこんなに遅れているんだ！　この手で世の中の変化をスピードアップさせてやる」そんな熱いモチベーションで日々仕事をしていました。

チームにも恵まれましたし、クライアントは有名企業ばかりで、社会人二年目としてはありえないぐらい、エキサイティングな仕事をさせて頂きました。

……しかし、これはどうしようもない性格上の欠損でもあるのですが、あるとき、自分の仕事の意義を感じることが難しくなってしまったのです。

というのも、入社して9ヶ月を過ぎたあたりから、市場を見渡すと、見た目上は僕たちと同じような「ソーシャルメディアコンサルティング事業」を展開する企業が有象無象立ち現れていたのです。ふと気付くと「ソーシャルメディア」は流行語と化しており、周囲の人々も、企業も、とりあえずアカウントを登録して使い始めている状況でした。

当初抱いていた「ソーシャルメディアを広める」というミッションは、どうやらほとんど達成され、少なくとも僕が一年間、何も活動しなくとも、ソーシャルメディアの普及は進んでいくように感じられました。

僕にとって、会社で働く最大の理由である「ソーシャルメディアという素晴らしい道具を日本に普及させること」、それが、たった9ヶ月程度で、失われてしまったのです。

会社は今でも成長を遂げており、僕が入社した当初の3倍以上の人数規模になっています。株式会社トライバルメディアハウスは、注力するビジネス領域も、経営も素晴らしい会社です。社長の池田紀行さんは、わずか11ヶ月で柵の外へ飛び出した無知な「羊」を、愛情をもって育ててくれました。今でも恩義を感じていますし、経営者として尊敬しています。

でも、僕は「働く意義」を見失ってしまったのです。それは会社が悪いわけでも、経営が悪いわけでもありません。世界の変化が早すぎたこと、僕の見つけた課題が小さすぎたことが原因です。

当初の意義を見失ってからも、数ヶ月、悶々と働いていました。自分の中に働く理由を見いだそうと、苦悶していた記憶があります。

あるとき閃いたのは「自分はスキルを磨くためにこの会社にいるんだ」という「働く理由」です。気鋭のベンチャー企業では非常に多くのことを学ぶことができ、実際にスキルも付き、日々できることは増えていっていたからです。

スキルを磨くために働くという「言い訳」

そんなわけで、「日本にソーシャルメディアを普及させるため」という目的から、「スキルを磨くため」という目的に方向転換したのですが、それも長続きはしませんでした。「単にスキルを磨きたいのなら、会社を辞めて、独立したほうがよっぽど能力は高まるんじゃないか？　他の会社に転職しても、スキルは磨けるんじゃないか？　スキルを磨くことは、この会社でしかできないことなのか？」という問いが心の中に芽生え、自分の胸の内に納得感を持つことができなくなってしまったのです。

少し話はそれますが、僕の周りの若手社会人に「なんで今の会社に勤めているの？」と質問すると、けっこうな割合で「スキルを付けたいから」という言葉が返ってきます。技能や職種によってはその会社でしか身に付かないスキルもありますが、多くの場合、「スキルを付けたい」は「今の会社に勤める理由」にはなりえません。

だって、どこにいたって何をしていたって「スキル」なんて身に付くじゃないですか。とてもとても厳しい言い方をすれば、「スキルを付けるために今の会社にいる」という言葉の9割は、自分に対する言い訳です。「独立しようと思っている」と豪語する人が、いつまで経っても独立しないことと似ているでしょう。

話を戻しましょう。働く納得感を持つことができなくなった僕は、毎日会社に行くのが少しずつ辛くなっていきました。数ヶ月前までは、仕事は本当に楽しく「明日は月曜日なのに苦しくない！」という驚きを「サザエさん」を見ながら感じていたものです。それなのに、「なんで毎日電車に乗って会社に行くんだろう」と、通勤電車でぼんやり考えるようになってしまったのです。

お金にならないけど価値のある仕事がある

一方で、相変わらずプロボノは楽しく、心から意義を感じることができる活動でした。僕はＮＰＯの世界に対しても、「ソーシャルメディアを普及させたい！」と強く問題意識を持っていたのですが、ＮＰＯは予算が潤沢《じゅんたく》ではないのでビジネスになりにくく、普及活動を行う専門家が存在しなかったのです。

なんと２０１２年の秋を迎えようとしている今でも、「ＮＰＯのソーシャルメディア活用」を促進しようとしている人間は片手で数えられるほどにとどまっています。企業向けのソーシャルメディア活用支援は、もはや日本中に事業者がいるレッドオーシャンとなっているというのに……。

つまり、お金にならないことに、人はなかなか取り組まないのです。でも、「お金にならないけど誰かが求めている仕事」は、間違いなく世の中に存在します。それは僕にとって重要な発見でした。

僕が取り組んでいる「ＮＰＯのソーシャルメディア活用支援」もそのひとつです。これまでに１００団体ほどのコンサルティングを行ってきましたが、そこで得られた対価は雀の涙ほどです。しかし、人々が求めており、その意義を自ら実感しているので、お金にならなくても僕はやり続けるつもりです。

また、２年ほど運営していたブログも同じく「お金にならないけど誰かが求めている仕事」であることにも気づきました。

例えば、ある起業家は、僕がブログでサービスを紹介したことをきっかけに、ベンチャーキャピタルからの投資の打診がきたそうです。

また違うサービスでは、僕のブログがきっかけで、１０００人近い新規ユーザーを獲得したという報告も頂きました。一般的にユーザー獲得の単価は１５０〜２００円ほどなので、僕の記事は15〜20万円の経済価値を生み出したわけです。大したことのない話かもしれませんが、こういう小さな感謝は、僕がブログを書く「意義」を日々実感させてくれるのです。

考えてみるとブログもNPO支援も、ともに「(たいして)お金にはならないけど、誰かが求めている」という特徴があります。こういう仕事は、予算規模の大きな有名企業との仕事よりも、意義を感じることができ、生き生きと取り組むことができました。

そして、たいしてお金にならないので、お金目的の脂ぎった人たちは参入してきません。ブログとNPO支援を事業領域にすれば、意義を実感しながら、楽しく仕事ができるんじゃないか。お金は儲からないかもしれないけれど、うちは共働きだし、生活費も低いし、けっこうなんとかなるんじゃないか。

加えて、「ベンチャー企業でバリバリ」という働き方も、2011年に結婚をしたこともあり、そろそろ変えたくなっていました。妻との時間を大切にしたいですし、いずれ産まれる子どものためにも、自宅でも仕事ができるようになりたかったのです。

このようにして、僕は自分が十分に意義を感じることができる仕事をするために、会社を辞める決断をしました。

会社は好きでしたが、僕が取り組みたかった「ブログ運営」と「NPO支援」は、会社という枠では実現が難しかったのです。たいしてお金にならない事業に社員のリソースを割くことは、「株主価値を最大化する」という目的を持つ「株式会社」においては、原理上不可能といってもいいでしょう。

「何のために?」までたどり着いていなかった

というわけで、大企業を11ヶ月で辞め、ベンチャー企業を13ヶ月で辞め、社会人三年目に僕はフリーランスになりました。幸い貯金もそれなりにあり、2011年2月には単著も出版していたので、なんとか食べていける自信もありました。

そうしてフリーランスとして執筆、講演、コンサルティングを行っていたわけですが、またしても僕の胸の内に、「お前は何のために働いているんだ?」という疑問が、もやのように立ち現れました。

無鉄砲に独立したにもかかわらず、周囲の方々からたくさんの声を掛けていただき、仕事も順調でした。やりたかったブログ運営も、NPO支援も続けられています。でも、どこか納得できずにいました。

仕事は楽しい、やりたいこともできている、思ったより稼げてもいる。じゃあ、一体何が悪いんだ？　独立してから半年ほど、悶々と、答えの出ない日々を過ごしていました。

そんな僕を変えてくれたのが、同世代の起業家たちとの出会いでした。ブロガーという仕事柄、多くの若手起業家と出会う機会があり、彼らの多くが「何のために働いているのか」という疑問に対して、非常にクリアな回答を持っていることに衝撃を受けました。

僕は確かに「お金のために働く」「スキルを伸ばすために働く」ことからは逃れられましたが、「何のために働いているのか」が明確ではなかったのです。

聴覚障がいという課題に取り組む起業家

起業家の中でも特に印象的だったのは、シュアールグループ（shur.jp）代表の大木洵人《じゅんと》さんでした。

大木さんは「手話」と「テクノロジー」を切り口にした事業を展開する、いわゆる「社会起業家」です。社会起業家とは、障がい者支援、貧困問題、自殺・うつの問題、子育ての問題といった社会性の強い課題を、「ビジネスの手法」で解決しようとする起業家のことを指します。大木さんの場合は、聴覚障がい者、その中でも手話を使っている方々を対象にしたビジネスを行っています。

シュアールグループは様々な事業に取り組んでいますが、その中でも意義が分かりやすいものが、ｉＰａｄなどを用いて手話の通訳者を遠隔で呼び出すことができる「テルテルコンシェルジュ」というサービスです。

聴覚障がい者の方とのコミュニケーションというと「筆談」が思い浮かびますが、やってみると分かるように、筆談のみで十分なコミュニケーションを行うのは困難です。そこで「手話通訳」が役に立ちます。手話ができる聴覚障がい者の方と健常者の間に「手話通訳者」がいると、双方のコミュニケーションはかなりスムーズになります。「テルテルコンシェルジュ」は、そんな手話通訳者を、オンラインで簡単に呼び出すことができるサービス、となっています。

利用料は企業が払うかたちで、聴覚障がい者の方はコストを負担しません。サービスリリースは2012年7月ですが、既に多くのホテルやビルに導入されており、今後も順調に成長していくとみられます。

大木さんとシュアールにおいては、「何のために働いているの？」という問いに対する回答は、僕たちのような第三者から見ても明確です。

彼らの「働く理由」は「聴覚障がい者の生活をよりよくするため」という表現になるでしょうか。シュアールの事業は、場合によっては人の命すら救える、社会に間違いなく必要なビジネスです。

少し違う表現をすれば、シュアールは「問題解決」に取り組んでいる、といえるでしょう。彼らの事業に触れていると「今の世の中はおかしい、僕たちが変えなければ、誰が現状を変えるんだ？」という気概を感じることができます。彼らの目から見ると、世の中は解決しなきゃいけない問題に溢れているのです。

一方で僕はというと、「金のために働きたくない」「自由になりたい」「ブログを運営したい」「NPO支援がしたい」、そういうエゴイスティックな思いが先行しており、「自分はこの世の中のどんな問題を解決しようとしているのか」という視点が欠如していました。

「What（なに）」が先行してしまい、「Why（なぜ）」を見失ってしまっているという、典型的なダメなパターンです。手段が目的化してしまってるといってもよいでしょう。これでは自分の仕事に対する、腹の底からの納得感は得られないはずです。

何を解決したくて仕事をしているのか？

では、僕の仕事人生における「Why」は一体なんなのか——。

振り返ると、僕は中学生の頃からウェブサイトを運営していました。それは、2ちゃんねるに数多くいる個人のクリエイターたちによるアニメーションやゲームを、毎日3〜4回更新で紹介するという、いわゆる「個人ニュースサイト」でした。

当時を振り返ると、「なんでこんなに面白いゲームとか動画を、みんな知らないんだろう？」という問題意識を持って、日々ワクワクしながらサイトを運営していたように思います。

サイトは順調に成長し、最盛期には月間50万PVを超えました（今のブログより多いです）。僕が紹介をすることで、クリエイターは喜び、読者も喜びます。メディア（媒介）である僕も、やはり幸せな気分になり、やりがいを感じます。当時はまったくお金にはなっていませんでしたが、取り憑かれるように毎日更新をしていました。

さて、現在の僕は、紆余曲折あった結果、中学生の頃と同じようなニュースサイトを、同じようなモチベーションで運営しています。取り上げるネタは変わりましたが、10年以上前に抱いていた「なんでこんな面白いものを、みんな知らないんだろう」という問題意識は、当時と変わらず持ち続けています。

どうやら僕は、「世の中に価値がある情報が埋もれていること」が、許せない人間のようです。だからこそ、そういう情報を発掘できる「ブログ運営」という仕事に、意義を感じているのでしょう。

ここでようやく、「ブログ運営」という「Ｗｈａｔ」と、「価値ある情報が世の中に埋もれている」という「Ｗｈｙ」が接続しました。

WhatとWhyがつながった

ではもう一つの「NPO支援」はどうでしょう。少し考えてみたら、こちらも同じように「Why」とのつながりが見えてきました。

世の中には、素晴らしい活動をするNPOが数多く存在します。一方で、彼らの大半はマーケティングに力を入れることができず、社会の中に埋もれてしまっています。余計なおせっかいかもしれませんが、彼らにマーケティングの技術を伝えることで、彼ら自身が自ら輝きを発信できるようになるかもしれません。また、僕はブロガーなので、彼らの活動を自分のメディアで伝えることもできます。

このように、「NPO支援」という「What」も、「価値ある情報が世の中に埋もれている」という「Why」と密接につながります。これでようやく、「何のために働いているの?」という問いに対して、僕はクリアに納得のできる回答を用意することができました。

僕は、「価値ある情報が世の中に埋もれている」という問題を解決するために、仕事をしているのです。独立して10ヶ月ほど経ち、ようやく納得のできる答えを見つけ出すことができました。この答えは当面変わることがないと思っています。

「はじめてテレビを作った人は面白かっただろうなぁ……」

そんな思考を経てみて思うのですが、今日本社会で働いているビジネスパーソンのうち「どんな問題を解決したくて働いているの?」という問いに答えることができる人は、本当に少ないのではないでしょうか。皆さんは自信を持って、自分の問題意識を語れるでしょうか。

問題の解決は、仕事をする上でもっとも根源的な欲求です。自分の仕事を通して、誰かの問題が解決することで、お金には換えがたい「やりがい」を実感することができます。

僕の知人に、某有名電機メーカーで働くエンジニアがいます。彼は責任も裁量もある立場で、年収も高い人材ですが、あるとき遠い目をして「はじめてテレビを作った人は面白かっただろうなぁ……」とぼやいていました。

まだテレビがなかった頃、テレビという製品は「世の中に娯楽が不足している」という強烈な課題を解決する製品でした。街角のテレビをみんなで見ているあの歴史的映像が示す通り、実際、テレビは人々が抱えていた問題を解決する素晴らしいソリューションでした。

しかし、「娯楽が不足している」とは決していえない現代においては、テレビは過去のようなソリューションにはなりえません。

もっと別の問題を解決できればいいのですが、最近の新商品を見るかぎり、個人的には、もうテレビという商品は、世の中を変えるほどの影響を与えることができない気がします。僕たちの生活が「テレビ」によって一変する、ということを、皆さんは想像できますか？　知人のエンジニアは、そういう現実を日々の仕事を通して実感してしまっており、あんな嘆きを吐露したのかもしれません。

テレビの例は象徴的ですが、どんな仕事も、はじめは何らかの問題解決としてスタートします。創始者はみな「この製品、このサービスで世の中が変わるんだ」とワクワクしながら、市場に向き合っていたことでしょう。

問題は、会社が大きくなってくる、社会環境が変わってくる、といった要因によって、当初抱いていた問題意識が希薄になってくることです。

僕が取り組んだ「ソーシャルメディアの普及」という課題のように、時代の変化が早い昨今、去年まで解決されていなかった問題が、今年にはもう解決済みになっている、ということも往々にしてあります。

問題意識が希薄になれば、たとえ大きなビジネスになっていても、人は「世の中のために働いている」というモチベーションを持つことが難しくなります。モチベーションの構造は、「お金のために働いている」「家族のために働いている」「スキルを付けるために働いている」など、社会よりも「自分」に重きが置かれた状態になってしまうでしょう。

解決済みの問題にコミットし続けることは、たとえ短期的にお金になろうとも、長期的には毒を食べているようなものだと思います。与えられた仕事に依存し続けることで、本当にやりたいことが分からなくなり、問題を提起する行動力も失われていきます。

皆さんは、既にほとんど解決された課題に取り組んでしまってはいませんか？　先人たちの残した事業の微調整に終始してはいませんか？　今の仕事は、社会の課題と接続しているでしょうか？

「ソーシャル・イントラプレナー」という皮肉な言葉

企業経営や人材マネジメントの文脈で、「ソーシャル・イントラプレナー」という言葉をしばしば見聞きします。「ソーシャル・イントラプレナー」とは、社会起業家（ソーシャル・アントレプレナー）のように、ビジネスの手法を使い、志高く世の中の問題を解決しようとする、起業家精神に富んだ会社内の人材を指します。

ソーシャル・イントラプレナーを特集した書籍『未来をつくる企業内イノベーターたち』（近代セールス社）には、子豚の下痢を防ぐためのアミノ酸入り飼料の開発エピソード（味の素ハートランド）、障がい者を積極的に雇用し、給与水準を10倍以上にした「スワンベーカリー」といった事例が紹介されています。「プロジェクトX」を彷彿《ほうふつ》とさせる内容です。

「ソーシャル・イントラプレナー」にまつわる動きは本当に素晴らしいものですが、この言葉にはどこか皮肉なものがあります。

なぜなら、**働くということは、そもそも世の中の問題を、熱い想いをもって解決しようとすること**だと僕は思うからです。

「ソーシャル・イントラプレナー」という言葉の背景にあるのは、会社で働くことが「社会のため」ではなくなり、「お金のため」になりさがってしまっている、という現実なのでしょう。「ソーシャル・イントラプレナー」は、「もう一度、社会のために働こうじゃないか」という奮起の言葉だと思います。

ＢＯＰビジネス（貧困層の抱える問題を解決するビジネス）へ積極的に取り組んでいる、あるメーカーでは、ＢＯＰビジネスに関わる人材を集めるための説明会を開催したところ、若手のエンジニアがこぞって押し掛けたそうです。彼らは自分たちの技術が、何よりもまず「お金のために」使われており、「社会のため」の優先順位が下がっていることを、よく感じ取っているのかもしれません。

新卒採用の現場では「最近の学生はＣＳＲ（企業の社会的責任）をやりたがる志望者が多い。ビジネスを分かっていなくて困る」という意見が聞かれますが、若い世代は切実に「社会のため」の仕事を求めているんです。

実際僕の周りでは、優秀で高いスキルがある人ほど、「社会のため」の仕事を志す傾向が強いです。「CSRをやりたがる学生」を鼻であしらうというのは、志の高い、有望な人材を見過ごしかねない態度だと思います。

問題意識の見つけ方

僕がコミットしている問題が「世の中に価値のある情報が埋もれている」というニッチで個人的なものであるように、問題意識というものは人それぞれ、個人の持つスキルや生い立ちによって変わってきます。

僕の知る、ある学生は「あなたの問題意識はなに?」という問いに対して、少しの沈黙の後、「うーん、リハビリが普及していないことかもしれません」と答えてくれました。彼の祖母は、過去に病気を患った際に「リハビリ」を拒絶してしまい、その結果、体を思うように動かせなくなってしまったそうです。「おばあちゃんがリハビリをしていれば、今も一緒に普通に散歩や買い物に行けたのに……」という体験にもとづいた想いを感じることができました。

問題意識はこのように「過去の体験」に根ざしている場合も、「自分が持っているスキル」に根ざしている場合もあります。

僕の場合は、ブログ運営、マーケティング支援というスキルを持った上で、「世の中に価値のある情報が埋もれている」と感じるわけで、どちらかというとスキルに根ざした問題意識といえます。

キャリア開発のワークショップなどを実施した経験からいえば、問題意識を見つけるアプローチの概ね8割は、「スキル」にもとづくものだと感じます。

そのため、特別なスキルを持っていない学生の場合は、「問題意識が見つからない」「何を解決したいのかが分からない」からといって焦る必要はありません。会計なり、マーケティングなり、プログラミングなり、何か専門的なスキルを持ったとき、世の中には課題が溢れていることに気付くことができるようになります。スキルというものは、世の中の課題を発見するためのレンズのようなものです。

既に専門的なスキルを持っている方は、ぜひ自分のスキルをもって解決できる課題がないか、周りを見渡してみてください。大切なのは、とにかく会社の外に出て、社会に触れることだと思います。

例えば被災地に行ってみると、課題だらけで驚くかもしれません。膨大な課題の中には、自分のちょっとした力で解決できるものもあるでしょう。そういう課題の解決に、ほんの少しの時間を割いてコミットすれば、きっと自分の専門的スキルが持つ力を実感でき、やりがいを感じることができるはずです。

「給料半分でも」今の仕事を選びますか？

お金と働き方を考える上で「給料半分でも今の仕事を選びますか？」という問いは、皆さんがどこまで問題意識に根ざした仕事をできているかを測る、リトマス紙のようなものだと思います。

もちろん扶養家族の有無などによって現実的な答えは変わってきますが、そういう生活上の制約を取っ払った上で、皆さんは、「給料半分でも」本当に今の仕事を選ぶかどうか、ということをお聞きしたいのです。

また、その「仕事」であって、その「会社」ではないことにも注意してください。転職したとしても、今と同じ仕事をやりたいか、ということです。例えば皆さんが編集者なら、年収が半分になっても、編集者を続けたいか、という質問です。

この質問に対して、「給料半分なら別の仕事をやってるかも」と答える方は、自分の仕事に絶対のやりがいを感じることができていない、といえるでしょう。

自信を持って「給料半分でもやってるだろうな」と答えられる人は、お金のためではなく、自分と社会のために働くことができている人です。僕は「給料半分でも今の仕事を続けたい」と自信をもって答えられる仕事こそ、理想の仕事だと考えています。

繰り返しになりますが、実際に給料半分では生きていけないケースもあるので、これはあくまで心持ちの問題です。今自分が「給料半分」以外に何の制約もない状況だとしたら、どういう職業選択を採るのか、という思考実験として捉えてください。

言わずもがな、僕は売上が半分になろうとも、プロブロガーという仕事を続けるつもりです。もちろん、生活費分ぐらいは稼ぎ続けられるように努力を続けつつ。

「死ぬまで低年収でも」今の仕事を続けますか?

より悲観的な観点から今の質問を突き詰めると、「死ぬまで低年収」でも、今の仕事を続けられるか、という問いになるでしょう。皆さんが独身世帯の編集者なら、死ぬまで年収150万円でも、編集者を続けますか？　ということです。

僕のような若者世代は、まず間違いなく、十分な年金はもらえないでしょう。20代のみならず、30代、40代も怪しいと思います。だからといって、老後の暮らしを支える上で、年金に代わる公的な保障が登場するとも到底思えません。

もう既にそんな風潮がありますが、「定年退職」なんて文化は、僕たちが老後を迎える頃には歴史の教科書のできごとになるでしょう。つまり、僕たちは働ける肉体であるかぎり、死ぬまで働き続けることになります。

高度経済成長以前の社会では、「働けるまで働く」というのが普通だったので、ある意味過去にもどるわけです。「年金と退職金で悠々自適な老後」なんてものは、ローマの貴族たちがお腹いっぱい食べたあと、クジャクの羽根で吐き戻してもう一度料理を楽しむ、なんて逸話《いつわ》と同じくらい過去の話になってもおかしくありません。

また、経済状況を鑑《かんが》みると、僕たちの世代が今後得られる年収もそう高くないと思われます。「定年退職」と同じく、「右肩上がりの年功序列賃金」なんてものも過去の文化となります。よほどのプロフェッショナルでもないかぎり、僕たちは低年収を前提にした暮らしを強いられることになるでしょう。「一億総貧乏社会」は、「一億死ぬまで働く社会」でもあるわけです。

さて、低年収かつ死ぬまで働かなくてはいけない。もしそうだとしたら、皆さん、今の仕事をやり続けられますか？　とりあえず60まで我慢して働いて、老後はのんびり暮らそうだなんて、甘すぎると思います。

これは「年収半分でも、今の仕事を選びますか？」という問いと同じか、それ以上に厳しい質問です。肉体的に継続が難しい仕事もあるでしょう。若くて優秀な労働者も、続々出てきます。なにより、嫌な仕事を死ぬまでやる、というのは強烈な苦痛です。

僕は幸い、低年収でも、死ぬまで働くことになっても、今の仕事は続けていきたいと思っています。特に文筆業は自分の作品を高め続けられる仕事なので、むしろ生涯書き続けられることにワクワクするぐらいです。死を目前にして、いったい僕は何を遺すことができるのでしょう。歴史に残るぐらい、素晴らしい作品を書きたいものです。

死ぬまで働くことが前提であれば、仕事の選び方も変わってきます。過去の常識に囚われないキャリア形成が、これからは求められていくでしょう。

カリヨン・ツリー型のキャリア

未来の働き方について論じた『ワーク・シフト』(プレジデント社)という書籍の中では、「カリヨン・ツリー型のキャリア」というコンセプトが紹介されています。

カリヨン・ツリーとはなんとも西洋的ですが、西洋の鐘(カリヨン)が縦に連結するように、フル稼働で働く期間とそうでない期間を、長いキャリア人生の中で何回も切り替えていく、という考え方です。

例えば僕は子どもがもうすぐ産まれるので、来年から1~2年は育休期間として業務量を半分程度に減らす予定です。子どもにそれほど手がかからなくなったら、再びスイッチを切り替えて、100%の業務量で働きたいと思っています。子どもがもう一人産まれたら、やはり業務量を減らして育休に入ります。

また、将来的には業務量を25%くらいまで落として、3ヶ月ほど家族でフィリピンに留学し、休暇がてら英語をがっつり学びたいとも考えています。パワーアップして戻ったら、学んだ英語を生かして120％働きたいと思います。

僕はフリーランスなので、死ぬまで働くことが前提です。年収もそう高くないので、十分な老後資金も蓄えることができないでしょう。死ぬまで働くのは嫌ではありませんが、死ぬまで「100％の力」で働きたいとは思いません。

「カリヨン・ツリー」というコンセプトは、今はまだ一部のビジネスパーソンにしか許されないことかもしれませんが、定年退職が過去のものになった未来では、ごく一般的な選択肢となっていくのでしょう。

「問題意識」に着目して働こう

ここで本章をまとめたいと思います。

僕自身、日々仕事をしていて強く感じるのは、仕事における「問題意識」の重要性です。日本のビジネスパーソンの多くは、問題意識が希薄になってしまっているとも思います。本来仕事は社会と接続する機能を持っていますが、問題意識が欠如すると、人は自分のため（金のため、スキルのため）にしか働かなくなり、やりがいを感じにくくなってしまいます。

問題意識は、はじめはあったとしても、時間とともに問題が解決され、希薄になっていくこともあります。今のように流れが早い時代では、そうした状況はごく普通に起こりえます。皆さんの仕事はどうでしょうか？

働くモチベーションを、「お金のために働く」から「問題を解決するために働く」に切り替えましょう。僕たちは死ぬまで働かなくちゃいけないんです。金のために嫌な仕事を我慢して、一生を終えるか。低年収かもしれないけれど、やりがいを感じられる、いきいきと取り組める仕事に取り組んで一生を終えるか。後者のほうが、より人間的で、自分の人生を生きた感じはすると思います。

問題意識がうまく見つからない人は、「会社」を抜け出し「社会」に出ましょう。今なら被災地でのボランティアがおすすめです。きっと皆さんのスキルの生かしどころを見つけることができるでしょう。社内では全く評価されなかったとしても、自分が素晴らしいスキルを持っていることに気付けるかもしれません。

限られた人生、お金のためだけに働くなんて、つまらないじゃないですか。年収半分かもしれないけれど、死ぬまで働くかもしれないけれど、自分が意義を感じられる仕事に取り組みましょう。

僕が提唱したいのは、仕事における「脱お金」なんです。

4章 まとめ

- お金のためではなく、問題を解決するために働こう
- 年収半分でも、取り組みたいと思える仕事を選ぼう
- 死ぬまで働くとしても、取り組みたいと思える仕事を選ぼう

よう
社会
を介さず、素手で「公共」を取り戻せ
われ！

遊ぶ

5章

に、

「脱お金」で日本は沈まない。税金

と関

経済成長は弱者を救うために必要

「脱お金」なんて話をツイッターやブログで書いていると、例によって、「日本の経済が低迷したらどうするんだ」という批判・意見が飛んできます。

ここまで読んでくださった皆さんも、きっとそういう疑問を抱いたと思います。こいつらがお金を稼がなくなったら、日本の税収は落ち込み、一体社会はどうなってしまうんだ、と。

本章では、少し大きなテーマですが、「脱お金時代」の社会と経済について考えてみます。

今の日本では経済成長それ自体が大前提、目的となってしまい、何を達成したくて経済を成長させるのか、という問いが忘れさられているように感じます。

では、経済成長は「何のために」必要なのでしょう。

この問いに対して僕が持っている答えは「社会のセーフティネットを実現するため」です。**経済成長は、自分たちが金銭的に豊かな生活をするためではなく、何かの事情で働けない人たち、稼ぐことができない人たちを守るためにこそ、必要だと僕は考えます。**

人生何が起こるか分かりません。僕は今、こうして文章を書いて食べていくことができていますが、明日にでもそれが不可能になることは十分にありえます。事故に遭う、大病を患う可能性を否定できる人はいないでしょう。

もし、何かの事情で働けなくなったとき、すぐさま僕の家庭は危機に瀕します。妻は仕事をしながら、赤ちゃんの面倒と、働けない僕のケアをすることになります。僕はフリーランスなので雇用保険もありません。

そういうとき、僕は障害年金や生活保護といった、社会的なセーフティネットを利用することになるでしょう。家庭の危機は、このセーフティネットによって、いくぶん回避されうるはずです。

しかし、社会的なセーフティネットは税金によって成り立っています。もし経済が衰退し、財源が乏しくなれば、セーフティネットの質は下がり、いわゆる「漏救《ろうきゅう》」の問題も頻発していくでしょう。生活保護や年金を受給できなくなった社会的弱者には、ホームレス、自殺、食うための（刑務所に入るための）犯罪といった悲愴な選択肢しか残っていきません。

経済成長を果たし、税金が潤沢《じゅんたく》に納められれば、セーフティネットの欠損による悲劇は防ぐことができます。セーフティネットが強固であれば、悲惨な結末も回避できますし、また、過度に失敗を恐れることもなくなるでしょう。

誰もが社会的弱者になりうる

一部の人は、僕が「社会的弱者」という言葉を使うことに対して、反発を覚えるかもしれません。お前は弱者という言葉で他人を見下しているんじゃないか、と。

しかし、僕は前述の通り、自分自身がいつ「社会的弱者」になってもおかしくないと考えています。来年にも、障害年金や生活保護を受給してもおかしくありません。

こうして本を書いているくらいですし、相対的に見れば、僕は「社会的強者」の部類に入るでしょう（一昔前の言葉でいう「勝ち組」でしょうか）。が、その強さはいつ失われてもおかしくありませんし、それは僕に限らず、この世に生きるすべての人に共通して言えることです。

2ちゃんねるやツイッターでは、「生活保護受給は甘えだ」という浅薄《せんぱく》な誹謗中傷が見られますが、彼らは自分がいつ弱者になってもおかしくない、ということを分かっていないのです。自分自身が何らかの事情で生活保護受給者となったとき、彼らは自分自身を「甘え」だと弾劾するでしょうか。自分もまた弱者になる可能性があるのに、弱者を徹底的に叩くというのは、想像力が欠如した態度です。

「政治家に任せる」などと言っている場合ではない

経済成長がセーフティネットを強固にするための手段だとしたら、過去・現在の経済はどう評価できるのでしょう。

残念ながら、経済はそれなりに成長しているにもかかわらず、セーフティネットは既にほころびはじめています。今の社会では、若者から高齢者に至るまで、様々な社会問題が噴出しています。このままでは、ますますセーフティネットの網をすり抜ける人が増えてしまいかねません。

うつ病の問題などを見ていると、経済成長至上主義が、セーフティネットをつくるどころか、かえってセーフティネットに頼らざるをえない人を増やしてしまっているようにも思えます。働いて税金を納めるのは素晴らしいことですが、働きすぎて心身を壊し、税金を頼るようになってしまっては本末転倒でしょう。

グローバリゼーション、少子高齢化の最中にあって、日本経済がこれから爆発的に成長し、多額の税金が中央政府に集まり社会保障が充実していく、というシナリオは考えにくいです。

むしろ、セーフティネットの原資である税金が集まる以上のスピードで、セーフティネットを頼らざるを得ない人たちは増えていくのではないでしょうか。統計を引用するまでもなく、現に社会的な事実として、生活保護費は増加する一方となっています。

お金を稼ぐことも難しい、税金を納めることも難しい、でも、税金を必要としている人たちは増えていく、そういう難問に僕たちは立ち向かわなくてはならないのです。

政治に任せるなんて甘いことを言っている余裕はなく、僕たち自身の問題と捉え、社会をつくりなおす努力をする必要があると考えます。

社会をつくる手段はお金だけではない

「セーフティネットを維持するためのお金が足りない」というと、いかにも絶望的な気がしてしまいますが、これまで見てきた通り、何も人が生きていくために必要なのはお金だけではありません。税金を納める以外のアプローチで、セーフティネットをつくることはできないのでしょうか？

僕はこの問いに対しても、イエスという回答を用意しています。というか、税金を納めることはむしろ非効率ですらあります。稼いだお金を一回預けて、コストを掛けて再分配する、というのはひどく遠回しです。**困っている人と、助けられる人を、もっと直接的に、効率よくマッチングできないものでしょうか。**

前述した通り、僕は「プロボノ」活動をしています。年間150〜200時間程度を使い、無償でNPO団体の方々の取材やマーケティングコンサルティングを行っています。プロボノ活動は、税金を納める以外の方法で社会をつくっていく、有力な方法の一つでしょう。

少し話はそれますが、東京都は「新しい公共事業」の一環として、NPOに「専門家派遣」の費用を税金から支給しています。「専門家派遣」は、NPOが有償で専門的なコンサルティングを受けられるようにする制度で、2〜4回程度のコンサルティングの実施費用として10万円程度がNPO団体に支給されます。

この制度自体は素晴らしいのですが、世の中には僕のように無償でコンサルティングを提供するプロボノは少なからずいるので、税金を直接NPOに支給するぐらいなら、その分をプロボノの推進にあててみてはどうだろう、と思ったりもします。

単発のコンサルティング費用を支給するより、無償のコンサルタントを増やしていったほうが、社会が負担するコストは低下するでしょう。これは意地悪な言い方ですが「専門家派遣」という制度は、「人はお金を払わないと動かない」という「常識」に縛られた制度のように感じてしまいます。

お金を政府に預けなくとも、僕たちはもっと直接的に、困っている人たちの助けになることができます。高いスキルをもってお金を稼いでいるビジネスパーソンは、人の命すら救う力を持っていてもおかしくありません。

何度書いても書き足りないのですが、プロボノ活動はぜひ多くの方に取り組んでもらいたいものです。IBMやNECといった会社は、組織的にプロボノを推進しはじめています。欧米の外資系企業では、離職率を下げるためにプロボノが活用されていると聞いたこともあります。「無償で働くと離職率が下がる」というのは一見理解できませんが、プロボノには仕事や職能に対する誇りを取り戻す力があるので、あながち荒唐無稽な話ではないと思います。

スキルフルなビジネスパーソンが数多くプロボノ活動を行うようになれば、日本が抱える社会問題なんて、容易に解決してしまうとすら僕は思います。**これからの社会をつくっていく上では、税金を納めていればハイOK、という無関心な態度ではなく、当事者意識をもって能動的に社会に関与していくことが大切なのです。**

ボランティアで道路を造る村

プロボノは専門性をもった人たちが行うボランティア活動ですが、そういった専門性を特に使わないボランティアも、お金に頼らず社会をつくる上では重要です。

以前、NHKで見て感銘を受けたのですが、長野県の下條村《しもじょう》という自治体は、なんと住民がボランティアで道路を造っています。材料費は村が負担しますが、実際の作業は村民が土日の時間を使って行っているとか。

道路を造るというと、いかにも自治体の仕事だと思ってしまいがちですが、その気になれば僕たちの手でできなくはないのです。自分たちの手で「公共」に参加すれば、やはり社会的なコストを抑えることができます。

下條村の事例で特に興味深いのは、ボランティアで道路を造るようにしたことで、住民のコミュニティが活性化した、というエピソードです。住民総出で一つのことに取りかかれば、確かに結束感は高まるでしょう。下條村の道路には日付が刻印されており、人間的な温かみを感じさせてくれます。

顔の見えないシステムに「外注」しすぎている日本人

僕は東京に住んでいるので、世の中を見渡すと、意外と社会的なインフラが整っていることに気付かされます。

近所の公園一つとっても、誰が片付けているのかは知らないのですが、いつもキレイに掃除されています。僕が住んでいるマンションも、毎月管理費をそれなりに払っているので、気が付くと廊下やゴミ捨て場が掃除されています。図書館に行けば、クーラーの効いた環境は用意されていますし、最新の本も潤沢に用意されています。

これらのサービスは、僕たちが税金なり管理費なり、お金を払っているから実現できているわけです。

こうしてサービスを外注することはとても合理的ですが、今一度、本当にそれを外注する必要があるのか、疑ってみる価値があることも確かです。下條村のように、自分たちで公共を担えば、コストは下げられる可能性があるのです。

ともすると現代の日本は、お金を、公共に関与しないための免罪符として利用しているようにも思います。「頑張って税金を納めているからいいじゃないか。この血税を使って世の中の問題をなんとかしてくれ」という態度です。

しかしながら、こういう「外注志向」は、これからの社会においては、もはや機能しなくなってくると思います。そんな免罪がまかり通るのは、日本がそれなりに豊かだったからです。貧乏になっていけば、否が応でも世の中に関与せざるをえなくなる。僕はそう考えます。

税金、選挙以外の社会参加を

たしかに僕たちは「税金」を納め、「選挙」に出向くことで社会参加をしてきました。それらは一見素晴らしいように見えますが、税金も選挙も「外注」という点は共通しており、市民は「公共を委託している」という構図を抜け出せません。

実際「公共」という言葉を聞いて、僕たちは「官僚」だったり「政府」を思い浮かべます。本来「公共」という言葉は、文字通り社会全体を扱う言葉です。いつの間に、公共は僕たちの手から離れて、外注するものになってしまったのでしょう。

これから時代は、さらに厳しくなってきます。格差は一層進んでいくでしょう。「貧乏」はもう前提になり、お金ですべてを解決することは難しくなってきます。「自分がよければいい」という態度でも、いつ自分が弱者になるか分かりません。また、格差が進むことは、治安の悪化や疫病の流行などを通して、富裕層にも確実に影響を与えます。

社会問題の噴出と、セーフティネットの弱体化は、日本に生きるすべての人の問題です。これからは「税金」と「選挙」などの「ライトな社会参加」では不十分で、もっと、ディープに、直接的に問題に関与していくことが求められていきます。

「直接的な社会参加」は最近の若者に見られる「金儲け離れ」にもつながるテーマです。僕たちはもう、「お金を儲ければ、自分の人生と社会が豊かになる」という実感を掴むことができないのです。お金を儲けて税金を納めるよりも、自分の手で社会に関わったほうが、よっぽど世の中をよくしている実感を得ることができます。

お金を儲けて税金を納めるのも大切ですが、僕らはもっと直接的に社会に関与できるのです。お金という免罪符を捨てて、社会への関わりを積極的に持つべきなのです。

シニアボランティアのパワー

とはいえ、税金と選挙だけじゃ足りない、という主張は、我ながらとてもマッチョだとも思います。そんな余裕と能力がある人は、やはり一部の人に限られるでしょう。今生活が苦しい人、心身を壊している人に「社会参加せよ」というのは酷な話ですし、それは求め過ぎだとも思います。

じゃあ誰が「税金と選挙以外の社会参加」を担うのかといえば、僕は高齢者の方々が、この分野の鍵になってくるのではないかと考えています。

いわゆる「シニアボランティア」の流れは着々と進んでいます。例えば中間支援組織「NPOサポートセンター」は、文部科学省のプロジェクトの一環で、ソーシャルメディアなどの知識を身につけた「スマートシニア」の育成・インターン派遣を行っています(「スマートシニアNPOチャレンジスクール」)。社会をよく知るシニアに最新のスキルを習得してもらった上で、インターンとしてNPOにコミットしてもらおう、というわけです。

僕が手伝っているNPOにもシニアボランティアの方がいらっしゃるのですが、そのパフォーマンスと熱意には驚きを覚えます。現役スタッフにまったくひけを取らない仕事ぶりです。

「シニア」というと何だか弱いイメージがありますが、言わずもがな高度経済成長を戦い抜いた歴戦のビジネスパーソンなわけで、社会経験の浅い若者よりもよっぽど仕事ができるのです。

定年退職後のシニアボランティアは、比較的時間もあるので、コミットメントのレベルも高く、スタッフ不足に悩むNPOとしては戦力として期待できます。また、若い世代と触れ合い活躍することは、シニアボランティアをする高齢者にとっても「生きがい」につながるようです。

また、前述のように生活に余裕があるプロフェッショナルたちが、余剰の時間を使って積極的に「プロボノ」として社会参加することも重要でしょう。

「シニアボランティアの活用」と、「プロボノの促進」は、日本社会が「脱お金」を実現していく上で特に重要な選択肢となると考えています。僕たち民間の手で、もっと社会を直接的に支えていきましょう。

この二つのテーマは具体的議論が進んでいないと思いますので、ぜひどんな仕組みが考えられるのか、一緒に考えてくださると嬉しいです。何か関連する取り組みを実施している方は、ぜひ僕にお気軽にご連絡ください。

「パーソナル・セーフティネット」をつくろう

積極的に直接的な社会参加を行い、多くの人と顔の見える関係性を築くことができれば、それは「パーソナル・セーフティネット」と呼ぶべき、自分自身の万が一の支えにもなっていくでしょう。

これはシンプルな話で、**たくさんの人を助ければ、いつか自分が困ったときに助けてもらえる、**というだけの話です。

僕はこれまで延べで100団体ほど、NPOの方々の問題解決を無償で行ってきたわけですが、流石にこのくらい人助けをすれば、僕が飢え死にしそうなときは食料を送ってくれると思います。

半分冗談ですが、ツイッターで「餓死寸前なう『サトウのごはん』ください もしくはお金 ジャパンネット銀行 本店 普通×××××××」と銀行口座をツイートすれば、生活費と食料がフォロワーの皆様から送られてくると僕は信じています。皆さん、万が一のときはよろしくお願いします（笑）。

「パーソナル・セーフティネット」には限界もあり、例えば介護などの物理的負担が大きいものに関しては、既存のパブリックなセーフティネット（生活保護など）を頼ることになるはずです。「パーソナル・セーフティネット」は小さなコミットメントを大量の人から貰う、クラウドファンディング型となるでしょう。その意味で、「パーソナル・セーフティネット」は公的扶助を「代替」するものではなく、「補完」していくものとして位置づけられます。

テクノロジーが社会参加をサポートする

直接的な社会参加を行ってこなかった、これまでの人々の意識が低かったのかというと、僕はそうは思いません。ただ、機会が提示されてこなかっただけの話でしょう。困っている人が目の前にいれば、きっと多くの人は手助けをしたはずです。問題は、困っている人と、助けることができる人が、情報の壁に阻害され、マッチングされなかったことです。

そこで、テクノロジーの出番です。ソーシャルメディアをはじめとする最近のテクノロジーは、過剰なまでに情報を可視化します。例えばツイッターはランチに何を食べた、誰と会ったという些細な情報を可視化しますが、同時に人々の「困りごと」や「助けられること」も可視化してくれるのです。

復興ボランティアを募る「スキルストック(skillstock.net)」というサービスでは、

1200人以上の人たちが、自分が復興のために提供できるスキルを投稿しています。

「中高生の学習サポートができます」

「NPO向け助成金申請の相談ができます」

「英語の文章の翻訳ができます」

「知り合いの大学生2000人に告知ができます」

「ブログでの広報活動ができます」

などなど、その件数はなんと2000件に上っています。もちろんボランティアなので、彼らの力を借りる際にお金は掛かりません。復興支援を行っている方は、このサイトを見れば無償で活用できる膨大なリソースに驚くはずです。スキルストックは、テクノロジーがなしえる「マッチング」の力を実感させてくれる素晴らしいサイトです。

情報の可視化はまだまだ進んでいきます。将来的には「困っている人の助けになりたい」と思ったその瞬間にも、自分が直接助けられる人を見つけることができるようになるでしょう。その逆、皆さんが誰かを頼りたいと思った瞬間、助けてくれる誰かを見つけることも、容易になっていくはずです。ツイッターやフェイスブックは何やら怪しい、気持ちわるいと感じている方もいらっしゃるかもしれませんが、テクノロジーが直接的な社会参加を促進しうるという事実は、ぜひ理解しておきたいポイントです。

遊ぶように社会に関わる

本章では直接的な社会参加を促してきたわけですが、最後に、実はこうした社会参加は「遊び」のように楽しい、という話をしたいと思います。

税金を納めるのは気分が悪いですし、選挙も何だかめんどくさいですが、それは間接的な関わり方だからです。直接的に何かの問題と、誰かと関わることは、さながら趣味のサークル活動に打ち込んでいるかのような楽しさを皆さんにもたらすことでしょう。

まずは僕自身のエピソードから。1章の「貧乏人たるもの、収益性を高めよ」という節で、「なるべく生産性を高めて、仕事をする時間を減らして自由な時間を増やそう」という主張をしましたが、僕はその「自由な時間」を何に使っているかというと、直接的な社会参加、つまりNPO支援に使っているんです。

NPOの方々は基本的に予算が潤沢ではありません。ゆえに、彼らのサポートは常に

「採算度外視」になります。彼らから金銭をもらうぐらいなら、そのお金を問題解決のために使って欲しい、という想いもあります。

では、そういう「採算度外視の貢献」が自己犠牲かというと、決してそんなことはないのです。もう非常に、個人的なモチベーションで行っている活動です。僕は学生時代、吹奏楽サークルに所属して音楽を楽しんでいたのですが、NPO支援はちょうどそんな感覚で取り組んでいます。要するに「遊び」なんですね。

この感覚はなかなか理解されにくく、未だに年配の方からは「何でそんなボランティアに力入れてるの？　すごい利他的ですね」みたいなことを言われるのですが、決して利他的ではなく、ごく利己的なモチベーションで僕はボランティアを行っています。かれこれ3年弱、NPO支援を続けていますが、利他的なモチベーションではここまで続けられていないと思います。

本書を書いている今、ウェブ上ではデザイナー集団「ギブ&ギブ（give-pj.com）」が話題になっています。彼らはプロのウェブデザイナー集団なのですが、報酬を「お金以外でもOK」と位置づけているのです。その気になれば、無償でプロの手を借りることもできてしまいます。勝手にラベリングするのも良くないですが、プロボノの変形版と見てもよいでしょう。

「ギブ&ギブ」の理念を説明したページに、「メリット」について述べた箇所がありま す。これがとても僕の気分に近いものなので、引用させて頂きます。


こんなことをして、「ギブ&ギブ」に何のメリットがあるのか?

沢山ありすぎて書ききれないので省略しますが、強いてあげるなら「今を楽しむ」「スキルアップ」「感謝の気持ち」が目的です。

「今を楽しむ」は、私が昔から掲げている言葉で理念にもなっています。

「スキルアップ」は、様々な制作を通して更なるレベルアップになります。

「感謝の気持ち」は、お客様の気持ちだけで私たちは満足です!

さぁ、私たちと「したい」を実現しましょう。


彼らにとって、金銭的な意味での採算度外視の活動は「遊び」であることがよく伝わってくる文章です。

僕自身もプロボノ活動をしていて、スキルも磨けるし、感謝してもらえるし、何よりやってて楽しいし、ホントにメリットだらけだと感じています。

「無償の貢献＝自己犠牲」という価値観は、もう過去のものにすべきでしょう。「無償の貢献＝遊び」として捉え直しましょう。仕事の効率を高めて余剰の時間を生み出すのは、もっとたくさん「遊ぶ」ためです。

僕は将来的に、業務時間の100％を採算度外視で取り組めるようになりたいと考えています。「お金のために働く」から解放されれば、人はもっと自由に、楽しく、自分と社会のために働くことができるはずです。

「公共」をこの手に取り戻せ

本章をまとめたいと思います。

これからの時代、税金と選挙だけで社会参加が完結するなんて、甘い話です。僕たちが税金を納める以上に、税金を必要とする人が出てきてしまうからです。たった数時間選挙に参加するだけで、あとは「俺たちが選んだ政治家がなんとかしてくれる」なんて、思わず笑ってしまうぐらいの甘過ぎる態度です。僕たちは「公共」を外注できるほど、もう豊かではないんです。

困っている誰かを救うためにお金（税金）が必要、という価値観は非常に一面的です。僕たち一人ひとりは素晴らしい力を持っており、それらを直接提供することで、社会はもっと効率的につくることができます。

この日本には、素晴らしい専門性をもったビジネスパーソンも、厳しい時代を生き抜いたシニアたちといったリソースも、大量に存在しています。あとはこの力を適切にマッチングしていくテクノロジーなり、仕組みなりがあればＯＫです。これから一緒につくっていきましょう。

誰かの困りごとを解決することとは、なんら自己犠牲的ではなく、本質的に楽しいことです。仕事の意義も実感でき、毎日を生き生きと過ごすことができるでしょう。僕はほとんど、サークル活動と同じようなテンションで無償労働を行っています。「自分のため」という利己的なモチベーションで行動した結果、利他的な行為に及んでいるんです。

直接的に誰かを助け、顔の見える関係を築くことができれば、それは「パーソナル・セーフティネット」になっていくでしょう。皆さんが困ったとき、かつて助けた誰かが助けてくれるかもしれない、という考え方です。難しくいえば、コミュニティによる自助的な社会保障、とでも表現できるでしょう。

お金の力は強大で、誰かを助けるために役立ちますが、誰かを助けるためにはお金が「必要」という考え方を捨てましょう。お金がなくても、誰かの助けになることはできます。当たり前です。

僕が本章で提唱したいのは、「社会保障における脱お金」です。お金によるセーフティネットとお金によらないセーフティネットを、巧みに組み合わせていくことが、これからの社会をデザインする上では重要です。社会というと大きな感じがしてしまいますが、担い手は僕たち一人ひとりです。

「脱お金」は、日本を衰退させる思想ではありません。むしろ、これこそ、日本社会を豊かにしていくアプローチなのです。

5章まとめ

- 税金を納めること、選挙に行くだけでなく、直接的な社会参加を実践しよう
- 直接的な社会参加を「遊び」として捉えよう。そして、人助けを通して「プライベート・セーフティネット」を獲得しよう

はい、はい!

150万円時代を明るく生き抜け

所有

6章

ダサ

「買う」ことを疑い「シェア」しながら

「買う」について改めて考える

最終章である6章では、具体的なウェブサービスを紹介しながら、「消費」や「所有するということ」について考えていきたいと思います。

右肩上がりの経済成長が難しくなっていくこれからの時代、「会社に勤めていればとりあえず手取りで月給20万円もらえる」なんて幻想は、過去のものになっていくでしょう。

年功賃金は崩壊し、「生涯低収入」が前提となります。家を買うこと、高いクルマを買うことなどは、手の届かない贅沢となっていきます。優秀な外国人労働者も市場に参入してきます。平均的な日本人の経済状況はますます厳しいものとなっていくでしょう。

加えて、年金や生活保護をはじめとするセーフティネットも崩壊しつつあります。年金収支や構造を見るかぎり、今の若者世代が年老いたとき、まともに年金が受給できるとは到底思えません。生活保護予算も増加しつづける一方です。受給金額も減らされ、ともすると受給条件は今よりも厳しくなる可能性もあるでしょう。

若者世代にとって、日本社会は決して明るいものとは言えません。しかし、それは高度経済成長期レベルの、古い価値観で世の中を見ているからです。

僕たち都市に生きる若者たちは、「所有・独占するなんてナンセンス」という新しい価値観を身につけた上で、既に自衛を始めています。

人間生活におけるもっとも根本的な活動である「モノやサービスを買う」ということについて改めて考えてみましょう。所有・独占から解放されることは、低収入時代の生き方の前提条件になると思います。

「住む」のにお金なんていらない？

まず、生きていく上で欠かせない家について考えてみます。皆さんの常識では、「家」というものは、ひとりひとつ、もしくは一世帯にひとつ、そういう独占的なものかもしれません。が、そんな高度経済成長期に作られた「常識」は、少しづつ崩れてきてもいます。家という価値ある資産は独占すべきものなのでしょうか？

都心部の若者の間では「シェアハウス」が人気です。お金がないので、「独占」するのではなく、「共有」しているわけです。シェアハウスは家賃が安いだけでなく、家具代も抑えられるため、サイフが厳しい若者には嬉しい選択肢なのです。

僕のまわりの単身者を思い浮かべると、もはや一人暮らし世帯の方が少数派で、多くの人はなんらかの形で住居を誰かとシェアしています。結婚しているカップル世帯も、社員寮をリノベーションしたようなシェア型物件へ好んで入居しようとしています。

シェアハウスの第一のメリットは、なにより家賃の低コスト化です。都心の築浅ワンルームマンションに一人で住んで月額10万円、新品の家具までそろえる、なんてどこのセレブの話でしょう。

ある友人は、バブル時代に建てられた南麻布の高級マンションの一室を、5人のメンバーでシェアしています。家賃は月額25万円ですが、折半すれば5万円程度で一等地のハイクオリティ物件に入居できる、というわけです。もう少し価格を抑え、入居者を増やせば、家賃の高い山手線圏内でも住居費を3万円代に納めることは十分可能です。

「何だ、シェアハウスって要するに長屋でしょ？　昔からあるじゃないか」と思うなかれ。最近のシェアハウスは、単に物件をシェアするだけではありません。

いまやシェアハウスは「ライフスタイルをシェアする」ツールとしても機能するようになっています。こうした動きは「シェアハウス2・0」とも表現できるでしょう。

シェアハウス仲間を集めることをサポートする「コリッシュ（colish.net）」というサイトを見ると、何が「2・0」なのかがよく理解できるでしょう。コリッシュ上には数多くの「シェアハウス企画」が投稿されており、そうした企画に共感する同居人を集めることができます。企画の一部をご紹介すると、

・様々な国の人が住む、外国語・外国の文化を学び合えるシェアハウス
・起業家だけが集うシェアハウス
・「みんなでお米を作る」農家とタイアップしたシェアハウス
・思いっきり楽器が演奏できる防音シェアハウス
・ゴルフ好きだけが住む、ゴルフ練習設備のあるシェアハウス
・ワインを共有できるシェアハウス（たくさんの人と住むことで、たくさんのワインを楽しみあうことができるわけですね）
・シングルマザーによる、シングルマザーのためのシェアハウス（お互いに育児をサポートしあえる、などのメリットがあります）
・子育てをみんなでするシェアハウス

……などなど、大変魅力的なシェアハウス企画が並んでいます。ゴルフ好きの方なんかだと、練習設備があるシェアハウスなんてとても魅力を感じるのではないでしょうか。ワインのシェアハウスというのも賢いですよね。

シェアハウスというと、少し前までは貧乏学生が仕方なく一緒に暮らすイメージのものだったかもしれませんが、今は気の合う仲間と「ライフスタイル」をシェアするツールになりつつあるのです。それでいて一人で住むより安価なので、感度の高い若者に人気が出ないわけがありません。

高いお金を払ってセキュリティがしっかりしたワンルームマンションに住むよりも、顔の見える関係の仲間と一緒に、ライフスタイルを共有しながら生活する方が、人生は豊かになるでしょう。将来的に人々は、ミクシィのコミュニティに集うような感覚で、オンライン上で自分にあったシェアハウス＝コミュニティを発見し、入居するようになると僕は考えています。

「家族向けシェアハウス」の萌芽

「シェアハウス」やら「新しい生き方」というと、どうしても「若い単身者の話でしょ。子どもができたらオトナにならなきゃね」という話になってしまいがちです。実際、かくいうシェアハウス礼賛派の僕がシェアハウスに住んでいないのは、もうすぐ子どもが産まれるからだったりします。

しかし、注目すべきことに「子育てを一緒にするシェアハウス」という取り組みは既に始まっています。これまで単身者向けだったシェアハウスが、着々とファミリー層にも提供され始めているのです。

冷静に考えれば、物理的にも常識的にも、家族がいたって、住居を誰かと共有することはできます。今はまだ家族向け物件が少ないだけで、5年後には「家族向けシェアハウス」は一般的になっていてもおかしくないでしょう。

コリッシュ運営者の小原憲太郎さんも「家族向けのシェアは必ず出てくる分野。既にコリッシュ上では企画もいくつか動いています。初めて会う人が集まって、家をベースにしたコミュニティができる。近隣地域の人も含めて、お互いの顔が見える。そして家・地域コミュニティ全体で子育てをする。そういうニーズは間違いなくあります」と市場動向について語っています。

昔は「地域」で子育てをしていたといいますし、これからは「シェアハウス」というコミュニティをベースに、助け合いながら子育てをする人々が登場してくるのでしょう。特に、若年層向けの社会保障が手薄い日本では、若者たちが自発的に助け合うようになっていくと思います。実際、私はそういう暮らしがしたいと思っています。

家をメディア化し、家賃に補塡

また、こうしたシェアハウス2・0では、イベントが行われることも多いのも特徴的です。この点も実にたくましいので、ご紹介させてください。

イベントが行われる理由の一つは「入場料収入」で、例えば参加費2000円で30名を集客すれば、単純に6万円の売上となります。経費を差しひいても数万円残るので、月に2〜3回もイベントを行えば、入場料収入を家賃に引き当てることで、かなり安く住むことができるというわけです。25万円程度の物件なら、その気になれば実質家賃10万円で住むことだってできます。

イベント型の新しいシェアハウスでは、定職に就いていない人でも、数十人を呼べるイベントの企画さえできれば、とりあえずの生活費を捻出することができます。小さなビジネスが行われる場であり、低収入の若者のためのセーフティネットにもなっているといえるでしょう。

家という元来クローズドな空間をオープン化し、人とコンテンツが行き交う「メディア」に仕立て上げる。メディア化すれば収益が得られる。そういう一見突飛な論理が、既に都心のシェアハウスでは実践されているのです。

自分の部屋を旅行者に貸してお金をゲット

さて、住居の低コスト化というテーマでは、自宅の空いている部屋を旅行者に貸し出すことができる「ルームステイ（roomstay.jp）」も興味深いウェブサービスです。

ちょっと耳を疑ってしまいそうですが「ルームステイ」は、皆さんの家のリビングのソファ、客室などを、見ず知らずの旅行者に貸し出して、そこから収益を得ることができる、という仕組みのサービスとなっています。使っていないスペースを一時的にシェアハウス化するわけです。

「ルームステイ」では、40カ国300室におよぶ部屋が貸し出されていますが、例えば東京では、

・西多摩郡日の出町の築250年の古民家が一泊2500円

・27歳メガネ男子が暮らす原宿徒歩10分のマンションが一泊2000円

・渋谷区男女5人のシェアハウスが一泊2000円

　などの素泊まりプランが提供されています。値段をみても分かるように、一般的なビジネスホテルの半額以下で宿泊することができてしまいます。それでいて、人が住んでいるぐらいなので、環境は決して悪くありません。

	原宿のヴィンテージマンションのひと部屋 (8畳) 東京都 渋谷区 ★★★★★	¥2,000
	渋谷区男女5人のルームシェア【幡ヶ谷シェアハウス】 東京都 渋谷区	¥2,000
	カミフルの家【新潟・上古町】 新潟県 新潟市	¥2,000
	博多まで電車で5分♪福岡市内の3LDKシェアハウス 福岡県 福岡市 ★★★★★	¥3,000
	世界一周夫婦と武蔵小杉高層マンションステイ 神奈川県 川崎市 ★★★★★	¥2,000
	船岡山公園のふもとのお茶室様式の京町家	¥25,000

「ルームステイ」。2,000円代で宿泊することができる

オーナーは、ルームステイを通して稼いだ宿泊費を家賃に引き当てることで、実質家賃を下げることができます。これは新しいシェアハウスと同じ感覚でしょう。例えば、土日を毎日3000円で貸し出せば、月に3万円程度の収益になります。旅行者との交流も楽しめるし、決して悪くないビジネスなのではないでしょうか。

ちなみに「P2P（Person to Person、人と人を直接つなぐ）」といわれるこの種のサービスは、グローバルではかなり盛り上がっています。ルームステイとほぼ同内容の「エアビーアンドビー（airbnb.jp）」というサービスは、ベンチャーキャピタルから1・2億ドル（約93億円）という巨額の資金調達を行い、数年内の株式上場がささやかれています。競合にあたる「ウィムドゥ（wimdu.jp）」は9千万ドル（約70億円）を調達しており、大規模な競争が見られています。

驚くべきことに「自分の家を貸し出す」ことは、グローバルに見れば既に大きなビジネスになっているのです。日本は価値観が固定化しているためか、数年遅れてようやくトレンドに追いついてきました。

空き家率も上がる一方、若者は家を買えるカネなんて持っていません。この先行き不透明な時代に、しかも災害大国であるのに「35年ローン」なんて、正気の沙汰じゃないでしょう。これからの住まい探しは「賃貸中心」「シェア型物件中心」になり、賃貸物件の低コスト・高品質化は進んでいくのではないか、と期待しています。

最近の若者はたくましく、土地という資産を所有するのではなく、共同利用しているのです。

格安物件と高額バイトで生きのびろ

物件といえば、面白いところでは格安物件専門の不動産サイト「家賃5万以下ドットコム（5manika.com）」なんてものもあります。東京都内の物件を中心に扱っており、最低クラスになると敷金礼金ゼロ、家賃はなんと1・6万円（品川区戸越）なんて物件も掲載されています。流石にそのクラスの物件は、ベッド以外の家具は置けず「寝るだけ」という感じですが、特に若いうちは本当に家は「寝るだけ」だったりしますし、案外合理的なのではないでしょうか。

さらに面白いのはこのサイト、格安物件だけでなく高額アルバイト情報も掲載しているんです。安い家に住んで、単価の高いバイトをすれば、とりあえず生きていける、ということですね。サイトを訪れると「部屋と仕事があれば、あとは何とかなります！」というなんとも印象的なキャッチコピーが目に入ります。確かに何とかなりますね。死にはしません。

というわけで、いささか悲壮かもしれませんが、僕たちはこうしてシェアをしたり、格安物件に住んだりして、生き延びようとしています。都心は家賃が高いというのは、一面的な常識です。iPhone片手に、都市をサバイブしている人々が登場していることを、覚えておいてほしいと思います。

高い家賃を払うために働くのはもうやめよう

――月給20万円なんてもう貰《もら》えない。でも、そもそも雨風をしのぐための家を借りるくらいなら、3万ぐらいあれば何とかなるんじゃないか。単身だけじゃなく、家族向けのシェア物件も続々と出てきてる。「家賃は収入の3割」なんて不動産屋の陰謀じゃないか？　僕らは業務時間の30％を「住むため」に費やしているのでしょうか？

収納だらけのでっかい家に住んで、大して使わないものを買い込んで、結局しまい込んで、捨てる……そんな「豊かな」暮らし、無駄だし環境に悪いしコスト掛かるし、ダサくない？　そんな「豊かさ」のために、僕たちは働いてるんですか？

……そんな感覚を僕は抱いていますし、少なくない若い世代が共感してくれると思います。人口が減り、土地が余るこれからの時代、高い家賃を払うために働く時代は早晩終わるでしょう。図で示すように、住宅地地価に比べて、家賃は高止まりしているという分析もあります。（下図は anlyznews.com より引用）

本書は社会学についての本ではないので分析はさておくとしても、都心に住む若者の肌感覚として家賃負

家賃と住宅地地価の変化

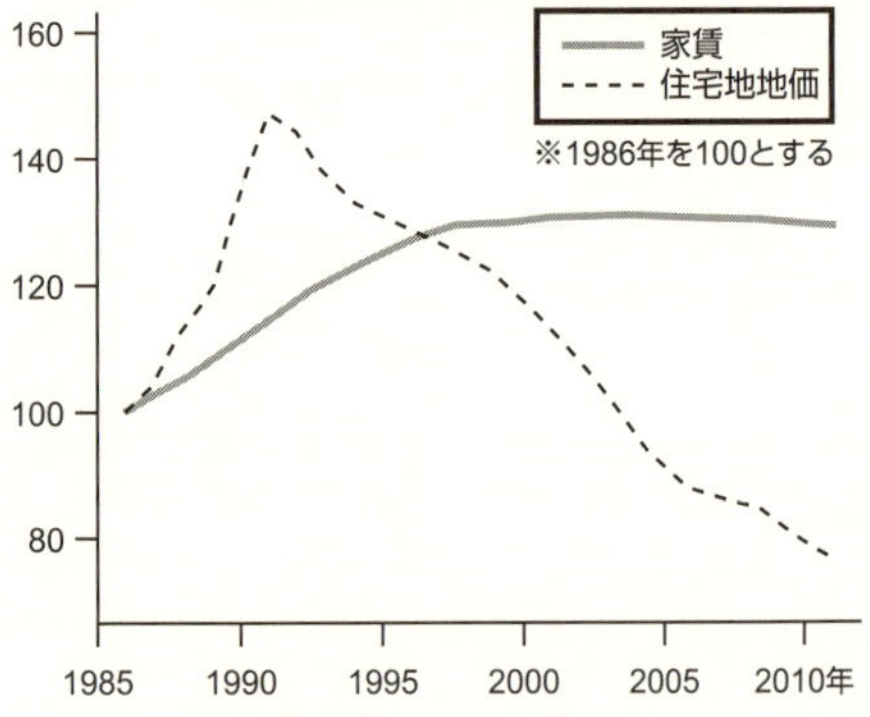

出所）統計局-消費者物価指数（CPI）、市街地価格指数より編集

担は高すぎます。長期的に見れば、住居に掛かるコストは間違いなく減少する方向に向かっていくでしょう。不動産関係のビジネスをしている方は、市場の縮小を覚悟しておいた方がいいいと思います。

学びのコストも下がる「駅前留学」は高コスト

さて、住居の次に顕著なのは、「学び」に掛かるコストの低下です。勉強するために高いお金を使うというのは、もう時代遅れになりつつあります。学習関係の事業を行っている方は、既にその流れを感じているかもしれません。

もっとも分かりやすいのは、インターネット通話サービス「スカイプ」を用いた外国語学習でしょう。

「スカイプ英会話」と、リアル対面型（いわゆる「駅前留学」型）の英会話学習サービスとを比べると、時間あたりの単価はなんと二十分の一ほどになります。

スカイプ英会話大手の「ラングリッチ」を運営する大竹さんによれば「コストは既存サービスと比較になりません。教室などで英会話を本格的に学ぼうとすると、月10万程度は掛かってしまう。スカイプ英会話なら、毎日学んでも5000円。クオリティの面も心配ありません。フィリピン人の英語は、米軍のキャンプがあったのでアメリカ英語に近いんです。実際、「顧客満足度も高いです」とのこと。

物価が低く、時差も少ない「フィリピン在住のスタッフ」が、現地から遠隔で講師をしてくれるため、この安値が実現できています。スカイプ英会話が出てきて、既存の英会話業界は商売上がったり、なんて話も聞きます。まさに破壊的イノベーションですね。

僕の姉は、数十万円を貯めて駅前留学に通っていた記憶があります。今はそんなお金があれば、遠隔授業どころか、2ヶ月間フィリピンにがっつり語学留学すらできてしまいます。

フィリピンへの語学留学は、「英語漬け」の環境で英語を学べるだけでなく、新興国の空気を存分に味わえる、留学仲間ができる、講師と仲良くなれば外国人の友だちができる、なんてメリットもあります。僕の知人は「フィリピン留学で人生が変わった」と熱く語っていました。1ヶ月留学しても、宿と食事付きで20万円以下で済むそうです。語学を学ぶために多額のコストを費やす時代は、もう終わりを迎えています。

有志が運営する「私塾」で学ぶ

ツイッターやフェイスブックが浸透したことで、同じ興味・関心を持つ人たちが、空間を超えてつながりやすくなりました。

例えば、僕のフォロワーは2・5万人ほどいますが、その中には、日本中の「ベンチャー企業」に関心がある人や「NPO支援」に興味がある人たちが集まっています。僕がベンチャーやNPOに関する情報を発信しているので、情報を得るために人が集まってくるのです。

そういう興味・関心ベースのコミュニティはインターネット上に無数に点在し、パン作りや釣りといったカジュアルなものから、起業や転職といった真面目なものまで、様々なテーマで人々がコミュニティ化されています。

そうして人が集まると、次はオフラインのリアルな空間で、何かを学ぶための集まり、いってみれば「私塾」を始める傾向があります。

例えばウェブ上に公開・共有されている「IT勉強会カレンダー」を見ると、日本全国で様々な勉強会が実施されていることが分かります。特に土曜日は毎週30~40件の勉強会が開催されており、その数に驚かされます。

これらの勉強会は、どこかの企業がビジネス目的で主催しているというよりは、プログラミングやウェブデザインを学びたい有志が集まった私塾が大半です。こうしたコミュニティは利益を出すことが目的ではないので、参加費は無料、または格安（500~1000円程度）です。

インターネットを使えば、お金目的ではなく、個人として純粋に学びあいたい人たちと容易につながることができます。今の時代に生きていて、こうした学びあいのコミュニティを利用しない手はありません。

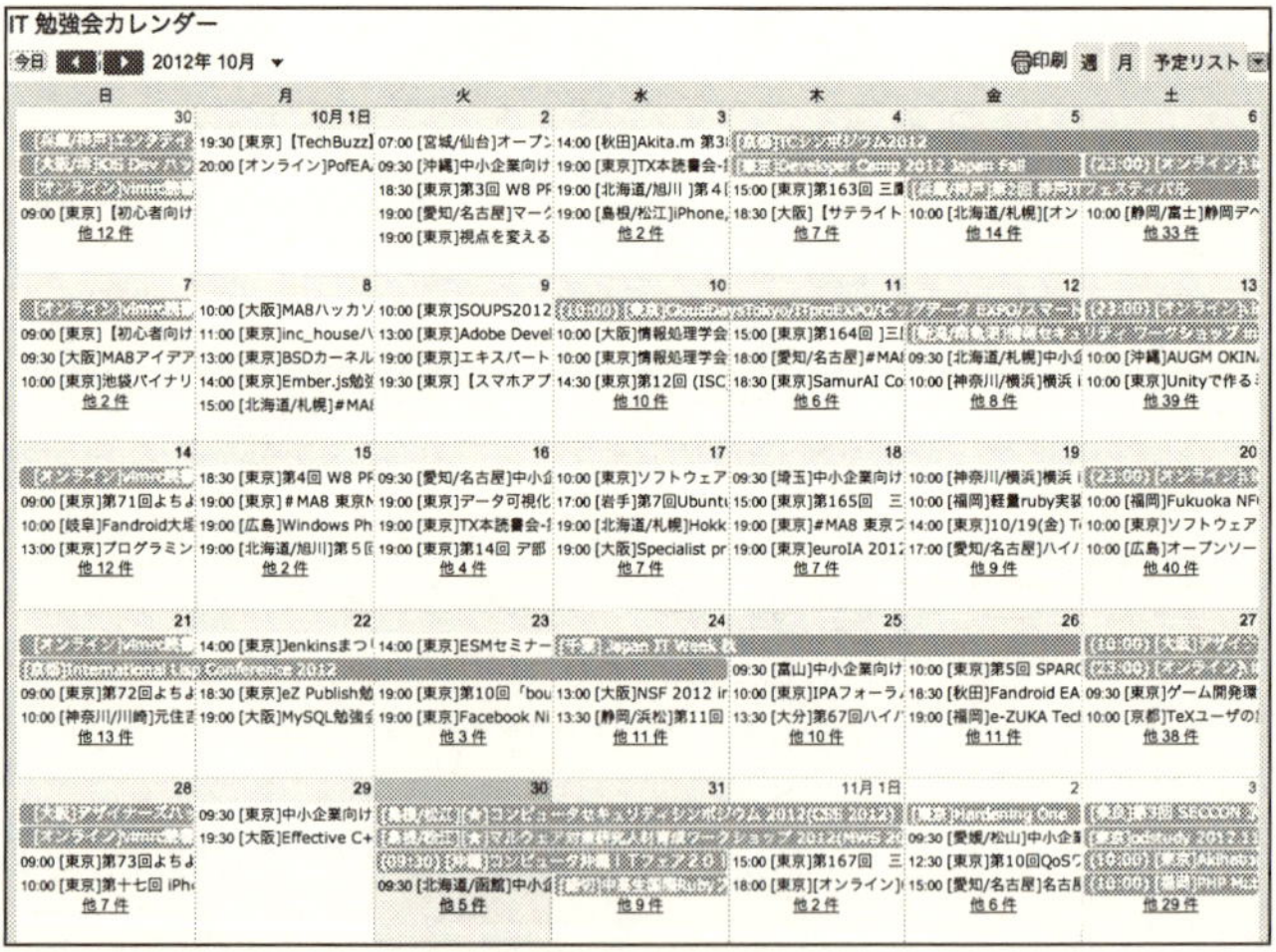

「ＩＴ勉強会カレンダー」。毎日勉強会が全国で開催されている

オンラインの無料教材で学ぶ

また、ウェブ上に無数に共有されているデジタル教材も、学びの低コスト化をもたらしてくれています。

代表的なものは「TED（ted.com）」で、世界中のベストセラー作家、思想家、実業家、研究者、アーティストなどなどの一流のプレゼンを、日本語字幕付きで全編無料で楽しむことができます（NHKの番組「スーパープレゼンテーション」でも題材になっているプレゼン集です）。なんせ世界的に評価されている識者たちのプレゼンなので、下手な本を読むより、よっぽど学びが多いです。すぐにでもビジネスに生かせる知恵を学びとることができるでしょう。

ちなみに僕のおすすめは、

- サイモン シネック「優れたリーダーはどうやって行動を促すか」
- イタイ・タルガム「偉大な指揮者に学ぶリーダーシップ」
- セス・ゴーディン「我々がリードする部族」

の三本です。組織を引っ張るリーダーはもちろん、すべてのビジネスパーソンが必見の動画といっても過言ではありません。それぞれ10分強の動画なので、ぜひランチタイムにでも学びの時間を作ってみてください。

また、皆さんのお近くに、大学受験を控えた高校生がいらっしゃるようなら、「まなびー（manavee.com）」はとてもおすすめです。「まなびー」は、大学生を中心とした先生たちによる無料の動画授業を、ポップで楽しいインターフェイスで閲覧することができるサイトです。現在約2000本のコンテンツが提供され、8000人以上の生徒がオンライン上で受講しています。

さらに将来的には、電子書籍が浸透することで、「教

実際に授業を受けているかのようなインターフェイスで、オンライン授業を受講できる「まなびー」

科書」の価格も下がると考えられます。

例えばアップルは「iBooks Author」という、デジタル教科書を簡単に作成できるツールを発表しています。教科書づくりは、ちょっとしたブログを書くくらいの行為になっていくということです。皆さん自身が、子どもたちのために算数の教科書やドリルを簡単につくれるようになるのです。僕は自分の子どもに、自分がつくった算数ドリルで勉強してもらおうと思っています。

デジタル教科書は、紙の教科書と違い、一つの科目の、特定の項目だけを教材化することも容易です（例えば数学の「微分」だけ扱う、など）。将来、子どもたちはオンラインで無料公開されている学習素材を、うまく寄せ集めて勉強するようになるのかもしれません。僕たちが手に取ることができる教材は、10年後には飛躍的に数が増え、その価格も低下していることでしょう。「参考書を買うお金がない」というのは、過去の話になるということです。

大学の価値が下がる

私事ながら、わが家にもうすぐ子どもが産まれるのですが、私立なら2000万円にも達するといわれる教育費を、フリーランスの僕は到底払える気がしません。子どもは2人は欲しいので、もしかしたら4000万……3人産んだら最大6000万……うーん、「無理ゲー」です。

でも、僕たちの子どもが大学生になる頃には、大学の価値は今よりも下がっていると思うんです。高い授業料を払って4年間キャンパスに通い続け、「大卒」の資格を得て社会に出る——そんな「人生のレール」は、20年後にはむしろマイノリティになるのではないか、という話です。

大学の価値が下がる第一の理由は、学費のコストパフォーマンスの悪さです。

これまで紹介してきたように、大学以外でも学べるコミュニティやツールは既に無数にあり、今後も増えていきます。

学びは無料化の一途を辿っているので、年間100万近い学費は、「学ぶためのコスト」としては負担感が大き過ぎます。そのコストを支払ってもいいと思えるのは、設備が必要な理系学生や医学部生くらいでしょう。社会情勢を鑑みれば、学費を払えない家庭が増加するのは火を見るより明らかです。

第二の理由は、「大卒」というラベリングの価値の下落です。全入時代を迎え、既に大卒の価値は凋落しつつある気がしますが、このトレンドは今後5～10年程度でさらに加速していくはずです。

ユニクロのような一部の先進的な企業は「大学一年生採用」など特殊な採用手法を掲げています。人材採用の在り方も多様化し、正社員になる条件として、「大卒」が求められることも減っていくでしょう。

もっとも、格差社会化が進み、かえって「大学＝富裕層＝人生に有利」というラベリングに変化していく、なんて未来も考えられるかもしれません。そうなれば、人々は借金をしても、大学に子どもを入れようとするかもしれません。

ですが、長い目で見れば「大卒だから優秀だ」「大卒だからこの人を採用しよう」という評価は意味をなさなくなってくるでしょう。勉強はもう、どこでだってできるのですから。

借金してまで大学に行くことはない

興味深いことに、既に、能動的に「大学に行かない」という選択を採る若者たちも出てきています。

その一人であるウェブデザイナーの上田和真さん（19歳）は「今は5年前と違って、ソーシャルメディアで人とつながれるし、学ぼうと思えば自力で学べる。金銭的に苦しいのなら、大学に行かない選択肢を採るのもありだと思う。よほど研究したいなら別だけど、借金してまで大学に行くことはないんじゃないか」と語っています。

彼は実際に、ソーシャルメディアで知り合ったデザイナーの方に「弟子入り」し、半年ほどの修業を経てスキルを身につけ、プロのウェブデザイナーとなっています。今は企業のサイトなどを制作しつつ、これまた大学に行かないことにした同世代の若者・乾夏衣さんと、会計アプリ「タックスボックス（taxbox.jp）」を開発するIT企業を運営しています。大学に行く理由の一つに「仲間作り」がありますが、それでさえ、ソーシャルメディアのような新しいテクノロジーで代替できる、というわけです。

現実的に考えて、高額な学費を払うことができない家庭、若者は増えていくでしょう。

わが家もおそらくそんな家庭の一つです。学費が大きく下がりでもしない限りは、大学というレールに乗ることは、徐々に難しくなっていくはずです。貧しい世帯にとって、学費負担は大きすぎるのです。

そう書くと非常にネガティブですが、ここまで紹介してきたように、もう、何かを学ぶためにそれほどお金は掛からなくなっているのです。

今後は無駄なお金を払わず、より効率的に学習の機会が得られるようになると考えれば、意外と未来は明るいように思います。

実際僕の周りにいる「大学に行かないことにした若者たち」は非常に優秀ですし、下手な社会人よりも、食べていける力を持っていたりします。そうした若い力を戦力視する企業も増えており、「ニコニコ動画」を運営するドワンゴが現役高校生をエンジニアとして採用する、といった動きも見られます。

「大学に行かないとまともな社会人になれない」なんてものは一面的な価値観に過ぎません。お金がないから大学に行けない、教育を受けられない、成長できない、就職できない、生きていけない、そんなナンセンスな未来は、この手で変えていきましょう。

「大量消費・大量生産」から「適量消費・適量生産」へ

「断捨離」がブームになりましたが、モノを所有することに対する感覚は、ここ数年で大きく変わったような気がします。

僕自身も、なるべくモノを持ちたくないですし、モノに囲まれて暮らすのは、負債に囲まれて暮らすようなものだと考えています。大して乗らないクルマのローン、今も電気代を食う家電たち、不必要なまでに細分化された便利な道具たち。そういう負債からは、できるだけ遠いところにいたいものです。

昔は「いいモノを持っている＝カッコいい、誇り」だったのかもしれませんが、今や見栄のためにいいモノを持とうとする人は、逆にダサくすら見えてしまいます。あなたはそんなモノしか誇りがないの？　と。

モノに縛られる人生は終わりにしましょう。必要なモノはこれまで通り使い続け、あまり使わないモノは誰かとシェアしましょう。時代は大量消費・大量生産から、適量消費・適量生産にシフトしています。

無駄なモノにお金を払うのはやめにしましょう。インターネットを用いれば、無駄な生産・消費から逃れることが可能なのですから。

日本を離れる人たちの「投げ売り」をチェック

現在インターネット上で盛んなのは、不要品を誰かに譲ったり、格安で譲渡する動きです。これまでは捨てられていたような不要品が、インターネットの力で広く流通するようになっているのです。

例えば「クレイグスリスト（craigslist.com）」の東京版を見ると、「Sayonara Sale」というタイトルのもと、数多くの個人が、家具や家電を販売・譲渡していることがわかります。

「Sayonara Sale」は一般的に、外国人が日本を出て祖国などに帰る際に、家財道具を一式処分するときに使われる用語です。本当に最後の引き払いなので、場合によってはタダ同然で譲ってしまっているんですね。

記事執筆時点では、

- 無印良品のクイーンサイズのベッドとマットレスが1・5万円（元値は7～8万円）

●ＩＫＥＡのソファーベッドが１０００円
●ＩＫＥＡの事務机が無料、姿見が１００円

など、まだ使える家具・家電が投げ売り価格で譲渡されています。基本英語のやり取りになりますが、抵抗がなければ相当安値で仕入れることができるでしょう。

モノとモノで人がつながるリブリス

クレイグスリストのようなサービスは「クラシファイド」と呼ばれ、主にモノを「欲しい人」と「あげたい人」をマッチングします。国内では「ジモティー（jmty.jp）」や「リブリス（livlis.com）」などが主要なプレーヤーで、こちらもタダ同然の価格でモノが譲渡されています。現に、どちらのサービスを見ても、「まだ

tokyo craigslist > for sale / wanted > garage & moving sales   email this posting to a friend

Avoid scams and fraud by dealing locally! Beware any deal involving Western Union, Moneygram, wire transfer, cashier check, money order, shipping, escrow, or any promise of transaction protection/certification/guarantee. More info

please flag with care: [?]
miscategorized
prohibited
spam/overpost
best of craigslist

Sayonara Sale (Yokohama (Asahi))

Date: 2012-09-17, 8:45AM JST
Reply to this post 3znkb-3276394215@sale.craigslist.org [Errors when replying to ads?]

Everything must go by Nov. 25th. Pick- up only!

I'm located near Kibogaoka and Mitsukyo stations on the Sotetsu line.

All items for sale can be seen here:
http://s1148.beta.photobucket.com/user/kellyf_japan/library/Sayonara%20Sale

iron- 1000en
curtains- free
scale- 1500en
scanner- free

投げ売り状態の「Sayonara Sale」

使える不要品」たちが無料で数多く出品されています。家電製品、家具などはよく出品されているので、引っ越しを控えているかたはぜひチェックしてみてください。

リブリスは僕も利用したことがあり、使わなくなった楽器を譲渡するために出品しました。5人ほどの貰い手が見つかったのですが、その中で子ども向けの音楽教室を運営しているNPOの方がいらっしゃったので、その方に無料で譲ることに決めました。自分の楽器が子どもたちに使われると考えると、なかなか気持ちいい取引です。

リブリスでは「手渡し」か「郵送」を選べるのですが、特に本のような小物では、あえて「手渡し」が選

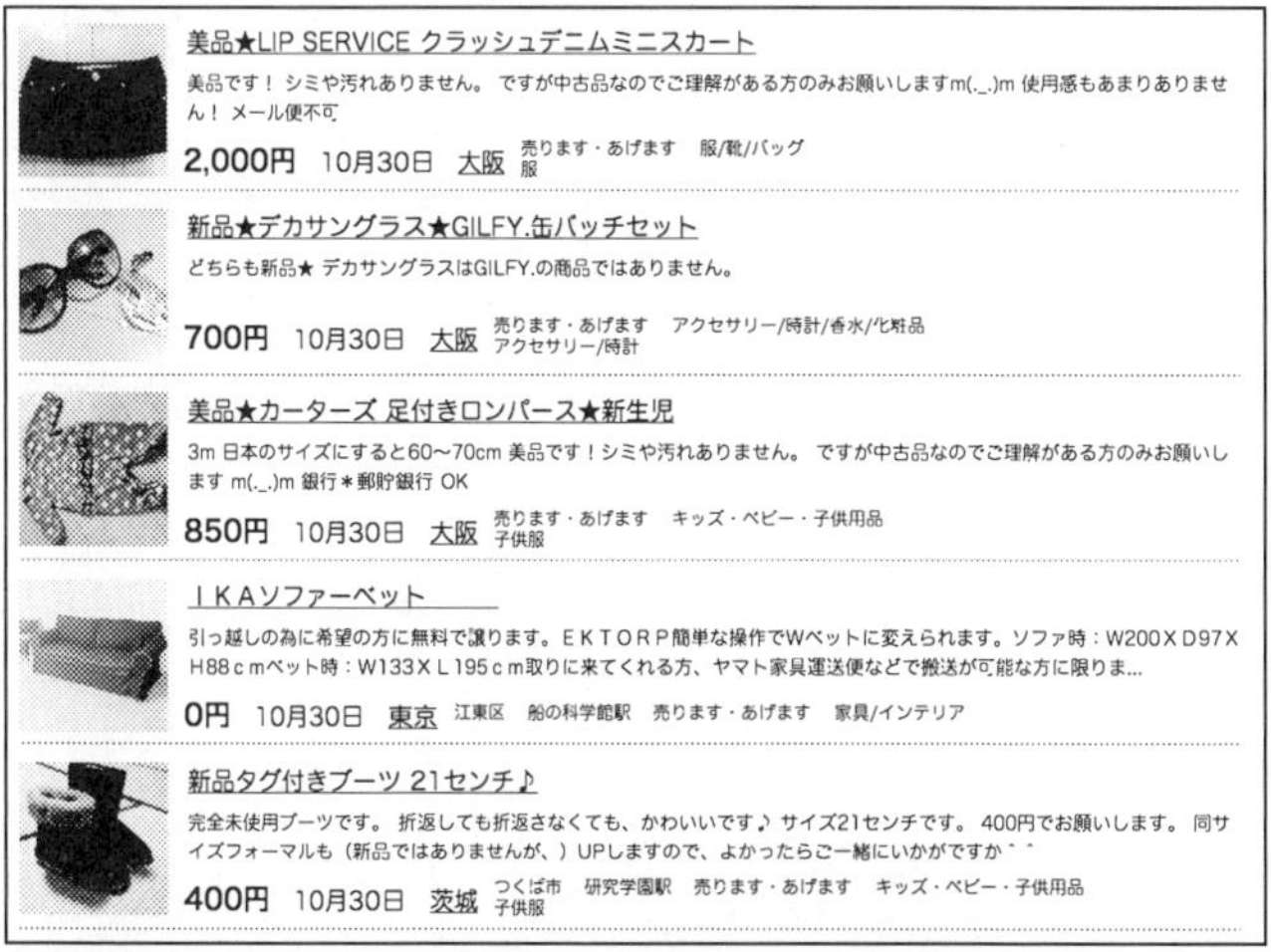
美品★LIP SERVICE クラッシュデニムミニスカート
美品です！ シミや汚れありません。 ですが中古品なのでご理解がある方のみお願いしますm(._.)m 使用感もあまりありません！ メール便不可
2,000円 10月30日 大阪 売ります・あげます 服/靴/バッグ 服

新品★デカサングラス★GILFY.缶バッチセット
どちらも新品★ デカサングラスはGILFY.の商品ではありません。
700円 10月30日 大阪 売ります・あげます アクセサリー/時計/香水/化粧品 アクセサリー/時計

美品★カーターズ 足付きロンパース★新生児
3m 日本のサイズにすると60〜70cm 美品です！シミや汚れありません。 ですが中古品なのでご理解がある方のみお願いします m(._.)m 銀行＊郵貯銀行 OK
850円 10月30日 大阪 売ります・あげます キッズ・ベビー・子供用品 子供服

ＩＫＡソファーベット
引っ越しの為に希望の方に無料で譲ります。ＥＫＴＯＲＰ簡単な操作でWベットに変えられます。ソファ時：W200ＸD97ＸH88ｃｍベット時：W133ＸＬ195ｃｍ取りに来てくれる方、ヤマト家具運送便などで搬送が可能な方に限りま...
0円 10月30日 東京 江東区 船の科学館駅 売ります・あげます 家具/インテリア

新品タグ付きブーツ 21センチ♪
完全未使用ブーツです。 折返しても折返さなくても、かわいいです♪ サイズ21センチです。 400円でお願いします。 同サイズフォーマルも（新品ではありませんが、）UPしますので、よかったらご一緒にいかがですか＾＾
400円 10月30日 茨城 つくば市 研究学園駅 売ります・あげます キッズ・ベビー・子供用品 子供服

無料で家具などが出品されている「ジモティー」

ばれるようです（リブリス運営者・川崎裕一さん談）。僕自身も、早朝に駅で落ち合って、朝活がてらカフェに入り、手渡す本をネタに雑談を楽しんだことがあります。

モノを媒介に人と人がつながる感覚は、いわゆるオークションサイトなどではなかなか味わいにくいものです。普通に売却すれば、その分利益を得ることができます。が、破格、あるいはタダで譲渡することで、「つながり」を楽しむ余裕が生まれてきます。変にがめつく小銭を稼ぐぐらいなら、広い意味での「友だち」に、不要なものをタダでプレゼントして、つながりを楽しむ方がいいんじゃない？　という価値観が台頭してきているのでしょう。

「出会い」のコストも下がる

住居、モノ、教育のみならず、人と「出会う」ということにかかる時間的、金銭的コストも、テクノロジーの力で低下しています。「出会い系」というと不埒なイメージがありますが、ここ数年、「真面目な出会い系」ともいうべき新しい切り口の出会い系サービスが人気を集めています。

例えば「お見合い2・0」ともいうべき「フリッグ（frigg.lv）」という婚活支援サービス。フリッグは会員登録時に、あなたの特徴、経歴、異性に対する好み、付き合ってもいい条件などを、１００問に及ぶ詳細なアンケートによってヒアリングし、その結果をもって、毎日一人、あなたにぴったりの異性をおすすめしてくれるサービスです。

あなたが「タバコを吸わない、30代、大卒、正社員女性」と出会いたいのなら、フリッグが機械的に、該当するユーザーとあなたをマッチングしてくれる、という仕組みです。イメージ的にはお見合いの仲人役を、フリッグという機械仕掛けの女神（「フリッグ」は北欧神話の愛と結婚の女神の名前です）がこなしてくれる、という感じでしょうか。既存の婚活サイトは自分の好みにあわない人からのアプローチも大量に来てしまいますが、フリッグはユーザー検索機能がないので、迷惑メールなどが送られることもありません。

フリッグを運営する池森裕毅さんは、「自分自身も婚活サイトを使ったけれど、男性が真面目にメッセージを送っても、女性は冷やかしメールにうんざりしているので、ほとんど見てもらえない。一般的な仕組みでは、本当に出会いたい人と、本当に出会おうとしている人が、マッチングされない。そういうミスマッチを解消するために、このサービスを作りました」と語っています。

自分の情報を差し出せば、勝手に機械がマッチングしてくれる、というのはいかにも現代的です。男女の出会いは、テクノロジーによって効率化され、低コスト化していきます。

空き予定を公開して、関心が近い人と気軽にカフェ

男女の出会い以外では、「コーヒーミーティング（coffeemeeting.jp）」というサービスが注目株です。コーヒーミーティングは、「自分の空き予定」を登録することで、誰かとお茶をする機会を得ることができるサービスです。

例えば僕が「２０１３年1月23日、ＡＭ9時～10時で、渋谷のスタバで誰かお茶しましょう」とコーヒーミーティングに登録します。すると、僕のプロフィールを見て、「こいつは面白そうだ」と思った人が僕にアポ依頼を飛ばしてくれます。僕は相手のプロフィールとメッセージを見て、実際に会うかどうかを判断します。

コーヒーミーティングは幅広いユーザーが利用しており、起業家から、外資系金融マ

ン、大企業従業員、学生、フリーランサーまで、様々な人と出会うことができます。新しい時代の朝活ツールとして人気を集めているようです。

インターネットという巨大な「中抜き」排除システム

お気付きの通り、インターネットには「中抜き」を排除し、需要と供給をダイレクトに結びつける力があります。これまで見てきた事例も、人と人、需要と供給を直接マッチングさせようとするサービスばかりです。

これをお読みの方の中には、クルマを持っている方も少なくないでしょう。最後にもう一つ、インターネットがもたらす恩恵を分かりやすく示してくれる「カフォレ（cafore.jp）」をご紹介させてください。

カフォレは自分のクルマを、使っていない時間帯だけ誰かに貸し出すことができるサービスです。

一般的なレンタカーよりも安価で、1日借りても3000円というボロワー（貸し手）

も多数いらっしゃいます。貸し手からみると、持っているクルマで収益を上げる手段に、借り手からみると、レンタカーよりも安い価格でクルマを借りられる手段になるわけです。

2009年に登場した当初は、2ちゃんねるを中心に「誰が使うんだよ」「自分の車を他人に貸したいやつなどいない」「屁理屈に基づく妄想」と非難囂々。

しかしサービスリリースから約3年が経ち、「当初は批判が8割、賛成が2割だったが、今はその割合が逆になっている（カフォレ運営者・光本勇介さん）」とのこと。僕も講演を行う際にはカフォレをいつも紹介しているのですが、確かに聴衆の感触は年々良くなってきています。

非効率な中抜きビジネスは消えていく

さて、カフォレを見ていて気になるのは、既存のレンタカー

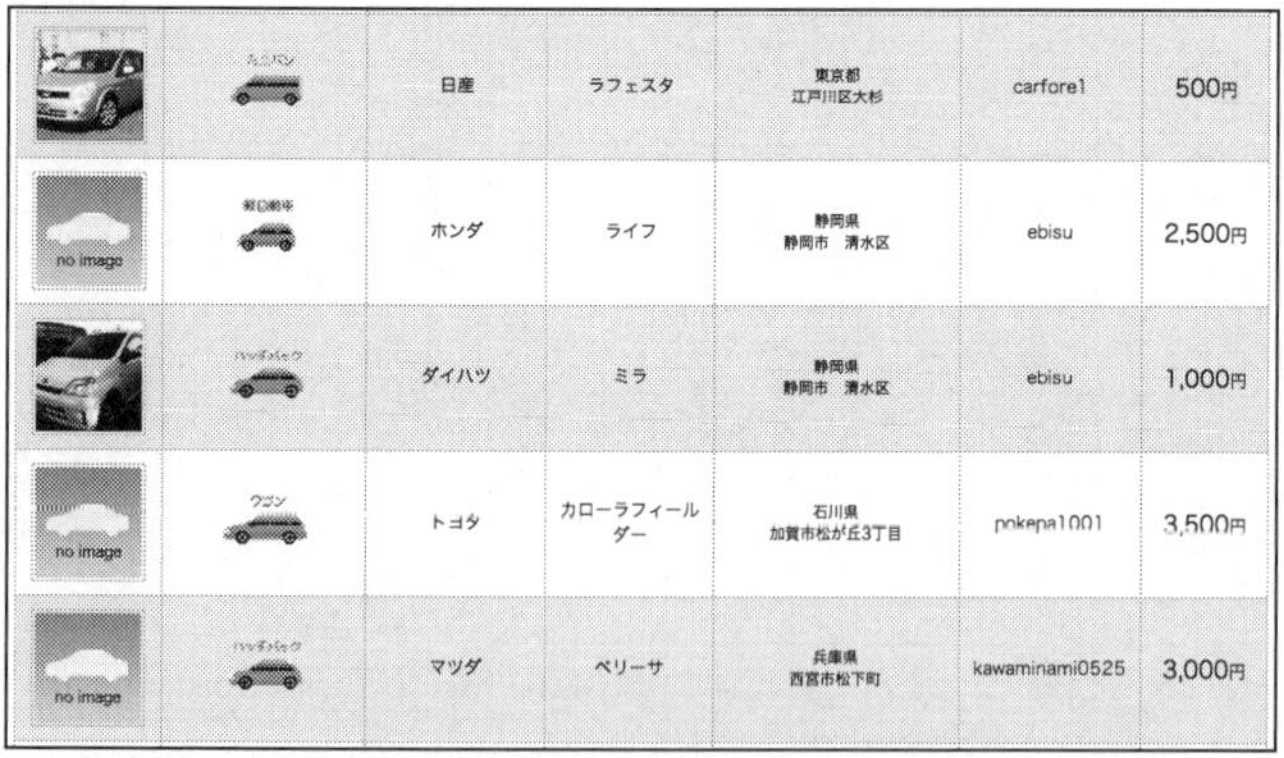

	[illegible]	日産	ラフェスタ	東京都 江戸川区大杉	carfore1	500円
no image	軽自動車	ホンダ	ライフ	静岡県 静岡市　清水区	ebisu	2,500円
	ハッチバック	ダイハツ	ミラ	静岡県 静岡市　清水区	ebisu	1,000円
no image	ワゴン	トヨタ	カローラフィールダー	石川県 加賀市松が丘3丁目	pokepa1001	3,500円
no image	ハッチバック	マツダ	ベリーサ	兵庫県 西宮市松下町	kawaminami0525	3,000円

レンタカーより安い料金でクルマが貸し出されている「カフォレ」

業者がどうなっていくか、という話です。レンタカーを選ぶ際にもっとも重要視するのは、ほとんどの場合「価格」なので、「個人間シェアリング」への抵抗感が徐々になくなっていけば、カフォレはレンタカー業界で一定の地位を占めるようになるかもしれません。技術的にはもう、「業者」という中抜きがなくとも、クルマを借りることはできてしまいます。

また、先に見た「ルームステイ」が普及することで、ホテルビジネスはどうなるのでしょうか。クラシファイドサービスが普及することで、中古家具・古本などを扱う業者はどうなるのでしょうか。

残念ながら、非効率な中抜きを行っている場合、「市場は間違いなく食われていく」でしょう。ただ、そのスピードは全般的に遅く、10～15年といった長期スパンの話になると見てよいでしょう。

今後10年の方向性としては、既存のレンタカー業やホテル業のようなビジネスは、テクノロジーを使いこなすことができない高齢世代が中心的な顧客となっていくのでしょう。構造としては、今の新聞業界に近いのかもしれません。

「食われる側」には、既存ビジネスと多少バッティングしようが、身を切る覚悟で新しい分野に挑戦することが求められていくでしょう。

高付加価値化も考えられる路線ですが、市場の縮小に歯向かえるかは疑問が残ります。今、需要と供給を何らかの壁で塞いでいるような業種、例えば不動産仲介業などは、早晩インターネットの波に飲まれると思います。

テクノロジーを使いこなせば、生きるコストは下げられる

コリッシュ、ルームステイ、ＴＥＤ、クレイグスリスト、リブリス、カフォレなど、様々なウェブサービスをご紹介してきましたが、この種のサービスはまだまだ数があるので、ここら辺で打ち止めとさせていただきます。

重要なことは、**テクノロジーと、人々のつながりの力で、あらゆるモノやサービスのコストが低下する傾向にある**ということです。インターネットはお金の価値を下落させたともいえるでしょう。豊かな人生を歩むために、僕たちはもう、今までほどお金を必要としません。

ただし、その前提は新しいテクノロジーを有効活用することです。ＩＴリテラシーの有無は、今よりも一層、生活コストの多寡に関わってくるでしょう。適切にテクノロジーを使えれば、良い仲間も見つかり、様々なモノやサービスも安価に受け取ることができます。

新しい価値観をもって、新しいツールを使うことができれば、月給は20万円もいらないでしょう。金銭的には貧乏かもしれませんが、実質的には十分豊かな暮らしを歩むことができると僕は考えます。

「共有するためのツール」を求める若者たち

良くも悪くも「若者の消費離れ」は、今以上に進んでいくでしょう。そうなると、僕たち若者が買うものって、一体何が残るのでしょうか。そんなテーマについても考えてみたいと思います。

様々な答えがありうると思いますが、僕は「共有するためのツール」がこれからは売れていくと考えます。

ハードウェア的なレベルでは日常的に持ち歩くスマートフォン、タブレット、ノートパソコンなんてところが思い浮かびます。まさにこれらは、つながるため、共有するための道具であるため、必然的に買うことになるでしょう。

「共有するためのツール」を「一緒に盛り上がるためのツール」と言いかえれば、最近流行りのＡＫＢ48やら、韓流エンタメなどもその範疇に入るでしょう。これらはソフトウェア的な意味での共有ツールです。

ちょうど原稿を書いている今日（２０１２年９月４日）、僕のツイッターアカウントでは、「ガリガリ君コーンポタージュ味」について「想像以上にコーンポタージュだった」「コーンポタージュ味を買って鍋で溶かしてコーンポタージュにしてみた」などなど、多くの人が盛んに感想や写真を投稿しています。

恵比寿のもんじゃ焼き店が出す、極厚ステーキ「肉のエアーズロック」の写真も最近よく見かけます。他には、ＩＣカードのＳｕｉｃａをそのまま模した「Ｓｕｉｃａ弁当」も、思わずツイッターに写真付きで投稿してしまう商品です。

こうした商品も、今の時代に売れる要素を持っているといえるでしょう。皆さんが商品企画をする際には、「思わず写真を撮ってツイッターでつぶやいちゃう」ようなアイデアを考えてみるとよいかもしれません。

そのブランドに物語はあるか?

とはいえこれらは小手先の工夫なので、商品として長続きすることは稀でしょう。話題は一瞬にして消え去ってしまいます。

皆さんが本当に売れるものを作りたいのなら、「思わず人に話したくなるストーリー」を持った商品を作るべきです。

社会貢献意識の高い若者に高い人気を誇る「マザーハウス」というバッグブランドは、「ストーリーのあるブランド」の好事例です。「アジア最貧国、バングラデシュから先進国に通用するブランドを創る」という着想のもと、様々な苦難を乗り越え、今では素晴らしい製品を市場に提供することに成功しています。

ロングセラーとなっている代表の山口絵理子さんの著書『裸でも生きる——25歳女性起業家の号泣戦記』(講談社)は、一度読んだら間違いなくブランドのファンになってしまうパワーを持っています。

僕たちはマザーハウスの製品を買うことによって、マザーハウスの演出するストーリーに参加することができます。製品を買うことは、マザーハウスの発展と、貧困問題の解決に、自らもプレーヤーとして参加することを意味します。同じマザーハウスを持っている仲間を見つけたら「それマザーハウスだよね」と、境遇を共有することができるようになります。イメージで語れば、大海原を航海するマザーハウスという大きな船に、購入というアクションを通して自らも乗り込むような感覚でしょうか。これは普通のバッグではありえない体験です。

僕たちは単なる優れた製品ではなく、そこに「ストーリー」があると、強く魅力を感じます。**自分たちが参加することができ、さらに、その体験を共有できるようなブランドを、僕たちは求めています。**マザーハウスの他には、アップルや、かつてのソニーも「ストーリーのあるブランド」の一例として挙げられるでしょう。

「経済成長」を前提にするのはやめよう

強く違和感を覚えるのは、日本のあらゆる制度・仕組みが経済成長を前提にしていることです。株式会社という仕組み、年金、日本の社会保障などは、その代表的な例でしょう。

経済が成長して社会が豊かになることは素晴らしいですが、生産年齢人口の減少、グローバル化によって、日本の経済成長が今後難しくなっていくことは明らかです。「経済成長」というベンチプレスはどんどん重くなっていく、という事実を僕たちは受け止めなくてはなりません。

経済成長というベンチプレスは、既にもう、僕たちが普通に持ち上げるのが難しいほどの重さになっていると感じます。うつ病が増えるのも、自殺者が減らないのも、根本的には、経済成長を前提にしていることが関係していると僕は考えます。よほどのマッチョでもないかぎりは、お金を稼ぎつづけること＝経済を成長させることというベンチプレスに、人は潰されてしまいます。

経済成長は社会をつくる上で必要なものですが、実現困難な目標を達成するために、社会基盤を崩壊させてしまっては元も子もありません。

「経済成長を前提としない社会」というと大きな話に聞こえますが、個人レベルに落とせば、まずはシンプルに、「生涯にわたってなるべくお金を使わずに、人とつながって豊かに生きる」というのが答えになると思います。

「経済成長を前提としない社会」が実際に可能かはまだ分かりません。僕自身も、今後家族を養うためにはそれなりの収入増は求められていくでしょう。

それでも、今までとは違う生き方、社会設計を模索する価値はあるはずです。ますます重くなるベンチプレスと無理して向き合わずとも、もっとシンプルに社会の問題は解決できると僕は考えます。**僕たちは本当にお金を必要としているのでしょうか？** ぜひ僕と一緒に、オルタナティブな生き方を模索しましょう。

6章 まとめ

- ITリテラシーの水準は生活コストに関わる。新しい価値観をもって、新しいITツールを活用しよう

・若い世代に何かを売りたいのなら、話題性、面白さ、共感できるストーリーなど、「共有」という要素を意識しよう
・経済成長を前提としない社会構造を模索しはじめよう。まずは個人の生活を、最大限「低コスト」にしてみよう

おわりに

「お金至上主義」から離脱せよ

「脱お金」というテーマで、個人の生活、キャリア、そして社会について考えてきました。どれも実験的な内容を含むので、確たる答えを出せるものではありませんが、皆さんはどうお感じになったでしょうか?

共感する部分もあれば、「楽観的過ぎるのでは?」「お前だからできるんだ!」という指摘もあると思います。僕は概ね、自分の考えを吐き出すことができたので、ぜひご自身のブログなどで本書に対するツッコミや、皆さんの意見をお聞かせください。

特に本書で主張したかったのは、「直接的な社会参加」の重要性です。「脱お金」は税収を減少させるため、社会の基盤は弱くなってしまう可能性があります。そのロスを相殺する意味で、「脱お金」には直接的な社会参加が必ず伴ってくると僕は考えます。

そのためこの点において、僕は自由主義者ではなく、むしろ同調圧力を発揮する側に回ってしまっています。「税金納めてないんだから、その分社会のために働けよ」ということです。

ただ僕自身、この態度に関しては、自分でも違和感を覚えているのも事実です。僕自身も今は余裕があるのでNPO支援などに時間を割くことができていますが、何かの事情でそうした余裕が失われることは十分にありえます。

「脱お金」を果たした個人に、どういう道徳的な義務や制限が課されるのか。または自分がよければそれでいいのか。そういうテーマについても、ぜひ読者の皆さんとディスカッションがしたいと思っています。

「脱お金」は社会的なムーブメントで、ある種の「革命」です。

が、この革命は、過去のような「反体制」ではありません。

「脱お金」は、自分たち自身の、ライフスタイル、価値観に革命を起こそう、という内面的、精神的な動きなのです。「体制を壊す」ではなく、「自分を変える」という思想的な運動です。「脱お金」ムーブメントによって、バケツに垂らした鮮やかな水彩絵の具が、徐々に水の色を変えていくように、社会の様相はじわじわと変わっていくでしょう。

変化が激しく、厳しい時代ですが、価値観がガラッと変わるこの時代に生きることができて、僕はけっこうワクワクしています。貧乏だっていいじゃないですか。皆さんはどうでしょう。もし陰鬱な気分になるのなら、ちょっと生活やビジネスを見直してみるとよいと思います。

余談ですが、僕は池田勇人元首相と同姓同名なんです。そのままの名前だと、検索エンジンで絶対勝てないので、あえてカタカナにしています。**池田勇人首相といえば、「所得倍増計画」ですが、奇しくも同姓同名の僕は「所得半分でも楽しく生きられるよ」と説いているわけです。**


最後になりましたが、企画のきっかけを頂いた株式会社プラスティーの清水社長、編集者の竹村さん、考えるヒントをくださった皆々様方に感謝したいと思います。自分一人でこの本を生み出すことはできませんでした。ありがとうございます。

また、こういう実験的とも言える生き方を容認してくれる最愛の妻、美希には頭が上がりません。不自由しないぐらいは稼いでいけるよう頑張るので、これからも見守っていてください。しばらくはゆっくり、二人で育児を楽しみましょう。

著者のサイト　http://ikedahayato.com
著者へのご連絡は以下のアドレスまで　nubonba@gmail.com

〈参考文献〉

●『自分をいかして生きる』（西村佳哲／バジリコ）
●『創造的福祉社会：「成長」後の社会構想と人間・地域・価値』（広井良典／筑摩書房）
●『小商いのすすめ　「経済成長」から「縮小均衡」の時代へ』（平川克美／ミシマ社）
●『年収100万円の豊かな節約生活』（山崎寿人／文藝春秋）
●『ぼくはお金を使わずに生きることにした』（マーク・ボイル／紀伊國屋書店）
●『独立国家のつくりかた』（坂口恭平／講談社）

星海社新書26

年収《ねんしゅう》150万円《まんえん》で僕《ぼく》らは自由《じゆう》に生《い》きていく

二〇一二年一一月二一日 第一刷発行
二〇一二年一二月一三日 第二刷発行

著者 イケダハヤト

発行者 杉原幹之助《すぎはらみきのすけ》・太田克史《おおたかつし》
編集担当 竹村俊介《たけむらしゅんすけ》

発行所 株式会社星海社
〒一一二-〇〇一三
東京都文京区音羽一-一七-一四 音羽YKビル四階
電話 〇三-六九〇二-一七三〇
FAX 〇三-六九〇二-一七三一
http://www.seikaisha.co.jp/

発売元 株式会社講談社
〒一一二-八〇〇一
東京都文京区音羽二-一二-二一
(販売部)〇三-五三九五-五八一七
(業務部)〇三-五三九五-三六一五

印刷所 凸版印刷株式会社
製本所 株式会社国宝社

ブックデザイン 吉岡秀典《よしおかひでのり》(セプテンバーカウボーイ)
フォントディレクター 紺野慎一《こんのしんいち》
校閲 鷗来堂《おうらいどう》

ISBN978-4-06-138528-3
Printed in Japan

26
SEIKAISHA SHINSHO

星海社新書ラインナップ

2 仕事をしたつもり 海老原嗣生

いつも忙しいのに成果が出ない。なぜだ!

どうしてみんな、一生懸命働いているフリをするのか? 時間と労力の無駄なのに、どうしてそれはなくならないのか?「雇用のカリスマ」海老原嗣生が、ビジネスの常識をぶった斬る。

5 資本主義卒業試験 山田玲司

僕らは全員、決定的に奴隷にされるんだ!

「夢」や「成長」「勝つこと」を強いられるこの狂った国で、僕らはどういう生き方を目指せばいいのか。山田玲司が「マンガ×小説」で描く、前代未聞の哲学書が誕生した!

14 僕たちはいつまでこんな働き方を続けるのか? 木暮太一

しんどい働き方は根本から変えていこう!

『金持ち父さん貧乏父さん』と『資本論』の主張は全く同じだった! 資本主義の中でどうすれば労働者は幸せになれるのか? ラットレースからの抜け出し方を作家・木暮太一が丁寧に解説。

SEIKAISHA SHINSHO

次世代による次世代のための

武器としての教養
星海社新書

星海社新書は、困難な時代にあっても前向きに自分の人生を切り開いていこうとする次世代の人間に向けて、ここに創刊いたします。本の力を思いきり信じて、みなさんと**一緒に新しい時代の新しい価値観を創っていきたい。若い力で、世界を変えていきたいのです。**

本には、その力があります。読者であるあなたが、そこから何かを読み取り、それを自らの血肉にすることができれば、一冊の本の存在によって、あなたの人生は一瞬にして変わってしまうでしょう。**思考が変われば行動が変わり、行動が変われば生き方が変わります。**著者をはじめ、本作りに関わる多くの人の想いがそのまま形となった、文化的遺伝子としての本には、大げさではなく、それだけの力が宿っていると思うのです。

沈下していく地盤の上で、他のみんなと一緒に身動きが取れないまま、大きな穴へと落ちていくのか？　それとも、重力に逆らって立ち上がり、前を向いて最前線で戦っていくことを選ぶのか？

星海社新書の目的は、**戦うことを選んだ次世代の仲間たちに「武器としての教養」をくばることです。**知的好奇心を満たすだけでなく、自らの力で未来を切り開いていくための〝武器〟としても使える知のかたちを、シリーズとしてまとめていきたいと思います。

2011年9月

星海社新書編集長　柿内芳文

SEIKAISHA SHINSHO